딸기원에 둥지를 틀다

저자 김 형 숙

도서출판 조은

● 추천사 ●

김형숙의 제4수필집 "딸기원에 둥지를 틀다"
서정과 이지적 설리(說理)가 예술적 상상력과 함께 깃들어 있는 글월

김 정 오 박사
수필가. 문학평론가

  수필가 김형숙이 제4수필집 **"딸기원에 둥지를 틀다"**를 출간했다. **김형숙**은 오랫 동안 공직생활을 해오다가 정년을 맞아 은퇴하였다. 그리고 정부로부터 그동안의 공로를 인정받아, 대한민국 녹조근정훈장을 수훈했다. 그는 공직생활을 떠난 후에도 쉬지 않고 역사와 문학을 공부하며, 새로운 삶을 성실하게 살아오고 있다.

  김형숙의 글월들은 지성과 **감성을 바탕으로 한** 소박한 일상의 삶에서 일어났던 여러 일들을 잔잔한 글월로 풀어나가고 있다. 시간과 지면의 제약을 받기 때문에 그의 글월들을 모두 논평하지 못함을 아쉽게 생각한다.

  한편의 수필에는 지은이의 사람됨(人品)이 들어나 있다. 그것이 수필이 지니고 있는 특성이다. 수필은 읽는 이가 공감(共感, sympathy)할 수 있어야 하는 산문체(散文體)[1]를 글월이기 때

---

1) 산: 문체 (散文體) – 율격과 같은 외형적 규범에 얽매이지 않고 사실을 자유롭게 표현하는 문체.
  * 운문체(韻文體).

문이다. 공감이란 사실의 종류에 따라 내용이나 대상이 달라질지라도 남의 의견이나 주장이나 생각, 또는 이유나 목적에 대하여 나도 그렇게 생각한다고 느끼는 마음을 말한다.

다시 말해, 수필은 읽는 이가 그 글월에 대해 감정이입을 하고, 정서적으로 함께 느끼는 마음을 갖도록 하는 글월이다. 그래서 수필을 읽어 보면 지은이의 삶에 대한 여러 모습과 지은이의 삶에 대한 생각과 그가 세상을 어떻게 보고 있다는 것까지 알 수 있게 된다. 김형숙의 수필들은 그의 따뜻하고 정이 깊은 마음을 보여주고 있다.

좋은 수필은 체험 없이는 쓰기 어렵다. 그러나 모든 체험이 다 같은 글월이 될 수는 없다. 바닷가에서 살던 사람과 깊은 산속에서 살던 사람의 생각이 같을 수가 없기 때문이다.

굳이 시와 수필을 구별하자면 수필은 사고(思考)가 앞서는 글월이고, 시는 감성(感性)이 더 깊은 글이다. 그래서 서사가 앞서는 수필은 사물을 이해하는 데 도움을 주는 글월이고, 시(詩)의 형식은 상상의 깊이를 누릴 수 있는 글월이라고 할 수 있을 것이다.

그러므로 수필은 '사고와 감정을 정확히 전달할 수 있을 때, 글월(文章)의 내용은 완벽에 가까워질 수 있으며, 이런 구실을 가장 잘 해 낼 수 있는 문학의 갈래가 수필이라는 글월이다.

이번에 발간한 김형숙의 수필집은 특징이 있다. 그것은 첫머리 글월이 2020년 정월 초하루 날에 썼던 글월 "새해를 여는 기도"라는 글월로부터 비롯되었다는 점이다.

"해님을 맞이할 생각에 가슴이 설렌다. 간밤에 용마산에 올라 힘차게 치솟는 붉은 해를 가슴에 품은 꿈을 꾸었다. 그런데 아침에 일어나 동녘 하늘을 보니 짙은 구름이 파도처럼 밀려든다. 구름도 새해맞이를 하려나 보다. 하기야 우주 만물이 새해를 맞는 기쁨을 함께 누릴 수 있다면 축복이 아니겠는가".
　지난해를 되돌아보았다. 삼백예순다섯 날을 개미 쳇바퀴 돌듯이 그날이 그날같이 산 것 같다. 헛되이 보낸 날들이 밉지만 그래도 탈 없이 살았으니 고마울 따름이다. 그런 날들이 쌓여서 지금 내가 존재한다고 생각하면 아깝지 않은 날은 하루도 없을 것이다."
　― 해맞이 스케치 2020.1.1.　새해를 여는 기도의 한 대목

누구나 새해 첫날은 가슴이 설렌다. 그리고 미래를 꿈꾸며, 해야 할 일을 다짐한다. 그래서 새해 첫날은 누구에게나 뜻 깊고 소중한 날이다. 새해 첫날의 글월을 머리글에 올려놓고 있는 김형숙 수필가의 뜻에 공감할 수 있는 까닭이 거기에 있다.
　그리고 그가 살아왔던 지난날에 일어났던 여러 일들을 담담하게 글월로 그려나가고 있다. 그는 가족과 이웃들과 벗들을 아끼

고 자신이 살고 있는 고을을 사랑하는 지극한 마음들이 수필의 여러 곳에 드러나 있다.

사랑은 함께 성장해가는 길이다. 중국의 사상가 노자가 말했다. "사랑하면 힘이 나고 용기가 생긴다." 아일랜드 출신의 사상가 에멧 폭스가 말했다. "사랑은 가장 강력한 치유의 힘이 있다. 이웃을 사랑할 수 있는 사람은 세상에서 가장 강한 사람의 반열에 들어간다." 사랑은 사람을 가치 있게 만든다. 그리고 함께 사랑하고 사랑을 받으면서 삶의 보람을 느끼는 것이다.

우리는 한편의 수필에서 지은이와 교감을 하면서 느끼고, 깨닫고 공감한다. 한편의 수필에는 지은이의 인생관이나 역사관 또는 세계관이나 자연관을 비롯하여 지은이가 생각하는 삶과 사상과 감정 등 모든 것을 알 수 있다. 그것은 한편의 수필 안에 지은이의 삶의 역정이 함께하고 있기 때문이다.

박종화는 '수필은 흥에 따라 쓰는 것이 아니다. 우주를 관조해서 나와 우주 사이에 숙명적으로 매어져 있는 오묘한 유대를 찾아내서 해명해야 하는 것이다.'라고 했다. 결국 좋은 수필은 삶에 대한 벅찬 감동과 진실이 함께 해야 한다는 말이다. 선인들도 그렇게 덧없는 인생, 아름다운 자연, 삶의 애환을 수필로 그려냈다.

결국 수필이란 서정성과 이지적 설리(說理)가 예술적 상상력과 더불어 깃들어 있는 글월이기 때문이다. 여기서 상상이란 정서적 감수성을 바탕으로 하는 창조정신을 말한다. 그러나 쉽게 떠오르지 않는 글상(文想)과 글월의 혼(文魂)을 찾는 일은 쉬운 일은 아니다.
 깊은 고뇌와 함께 오래도록 생각을 갈고 닦는 인내가 함께 해야 한다. 일상이나 사물을 낯설게 바라볼 수 있는 창조적 감성과 안목이 있어야 한다는 말이다.

 김형숙의 수필 문체는 부드럽고, 간결하며, 짙고 묽음((濃淡)에 대한 기복(起伏)을 절묘하게 이루어가면서 문정(文情)과 문세(文勢)의 창출을 재치 있게 펼쳐 나가고 있다.
 그의 글월들은 자신의 지나온 발자취를 돌아보면서 가슴 설레던 일들을 회상(回想)해 보는가 하면 때로는 회한:(悔恨)의 마음을 밝히는 글월들도 있고, 때로는 아프고 쓰라렸던 삶의 발자취도 돌아보면서 삶에 대해 진지하게 생각하는 글월들이 읽는 이의 마음에 감동을 주고 있다.

 김형숙의 수필은 담담한 문맥 구조와 문정, 문세의 형세에 따라 흐르는 문맥의 기복과 문세가 굽이굽이 충절을 이루는 그 어간에서 처연하게 유로되는 마음가짐(心情)이 품위 있는 문장 정서로서 문정의 창출에 이화 되는 품위를 보여주고 있다
 다만 문정의 창출은 문장 정서의 창출, 곧 문맥 구조의 이화에서 비일상화(Defamiliarization)한 새로운 감동의 창출을 뜻하는 것이다.

김형숙의 글월은 머리글과 마지막 부분에 주제 단락이 겹치는 양괄식의 혼합형식의 글월(文章)을 쓰는가 하면 주제를 밝힌 핵심 단락과 소주제를 다룬 중심문(topic sentenc.)이 다른 단락과 시간의 흐름에 따라 이어지는 글월 작법, 즉 추보식 구성법으로 쓴 경과적 구성(經過的構成)을 함께 아우르는 글월을 쓰고 있다.

김형숙의 글월들은 그의 따뜻한 인간미를 전해주고 있다. 그 말은 그가 마음에 담고 있는 생각과 체험을 섬세하게 드러내어 읽는 이에게 공감을 주는 수필을 쓰고 있다. 다시 말해 그의 수필들은 - 급속한 사색을 태우고, 회전하며, 반짝이는 구슬 같은 글월을 쓰고 있다는 말이다.

한편의 좋은 수필이 나오기까지는 깊은 고뇌와 함께 오래도록 생각을 갈고 닦는 일이 따라야 한다. 그것은 날마다 일어나는 (日想) 여러 일들이나 사물들을 낯설게 바라볼 수 있는 창조적 감성과 안목을 길러야 한다는 뜻이다. 좋은 수필을 쓰기 위해서는 반드시 거쳐야 할 필요한 과정이기 때문이다.

수필은 누구나 쓸 수 있다. 그러나 아무나 쓸 수는 없는 글월이 수필이다. 수필은 우아하고 아름다우며, 번득이는 지성을 함께 한 글월이기 때문이다. 김형숙의 문운을 기원하면서 글월을 마친다.

● 추천사 ●

『딸기원에 둥지를 틀다』
김형숙 수필가의 - 글로 그린 그림

전 수 림
(사)한국수필가협회 부이사장

"예술가란 항상 자기 자신에게 귀를 기울이고 자기가 들은 것을 자기 마음속에 솔직하게 기록하는 열성적인 노동자다."

― F.M.도스토예프스키 ―

　김형숙 수필가는 토스토예프스키의 말처럼 자기 자신에게 귀를 기울이고 자신이 느낀 것을 진솔하게 그려내는 작가다. 단조로울 것 같은 일상을 문학 안으로 끌어들여 내면을 단련시킨다. 이번에 출간하는 『딸기원에 둥지를 틀다』에는 소소한 일상을 솔직하게 담아냈다. 작은 꽃 한 송이에 감동하는 성품과 역사와 문학, 헤픈 눈물까지 나이를 잊은 사람으로 살고 있음을 보여준다. 다양한 시선으로 사물을 바라보는 것은 덤이다.

　김형숙 수필가가 사는 딸기원은 따뜻함의 성지다. 그 안에서 일상의 대부분을 망우산에 오르는 것으로 시작된다. 글쓰기는 빨랫줄을 지탱해주는 바지랑대와 같다. 그의 삶의 뿌리가 되고 인생의 역사가 되었다고 할 수 있겠다. 긍정의 시간이 층층이 쌓여 결국 그의 삶의 방향이 된 것이다. 하여 그는 반복되는 삶 속에서도 늘 새로운 단상에 젖으며, 명상 같은 시간으로 물들어 깊이가 더해진다. 현재를 직시하기란 쉽지 않은데, 그는 끝없이 담금질 하며 지낸다.

그의 글을 읽다 보면 망우산은 그의 정원 같다. 하루도 거르지 않고 망우산을 오르는 것을 보면 한 번쯤 따라 거닐고 싶은 마음이 들기 때문이다. 작은 것 하나도 허투루 보지 않는 그의 마음 또한 고스란히 녹아 있다. 지루할 수도 있는 평범한 일상을 특별하게 엮을 줄 아는 작가로 그에게서만 느낄 수 있는 색다른 맛이다. 그리하여 그는 날마다 새로운 날을 빚는 것이다. 날이 새면 어제를 초기화하고 또 새로운 날을 빚는 것으로 감탄을 자아내게 한다.

김형숙 작가는 성실함으로 글 60여 편을 묶었다. 삶에는 알맞은 짐이 필요하다고 했던가. 그것이 작가가 지고 가야 할 필연의 짐은 아닐까. 그를 볼 때마다 성실함이 무엇인가를 느끼게 하고 솔직한 감성에 끌려들어 가슴 찡함에 물든다. 자신을 사랑할 줄 알고, 주변을 살피는 마음은 날것 그대로 '글로 그린 그림'이 되어 고개를 끄덕이게 한다.

김형숙 수필가의 글공부를 도우며 매번 그의 다음 작품을 기다리곤 했다. 어떤 글감을 품고 올지 기대하게 만든다. 포장이 무엇인지 모르는 미사여구와는 거리가 먼 작가다. 작품마다 다양하게 변모하는 능력을 갖추고 있어, 생각의 꼬리를 물면 그것에 몰입하여 막힘없이 술술 풀어낸다. 진득한 성격에 맞게 주제에서 벗어남도 없다. 사고가 깊어 생각이 글 끝에 머무르는 삶 자체가 수필이 되어 글이라는 나무로 그늘을 만들고, 사람들을 쉬어가게 한다.

 그를 망우산의 살아있는 전설이라 부르고 싶다. 망우산에서 만난 노인의 뒷모습을 보면서 '하루를 더 버티기 위해서 꼬부랑 할배가 있어야 할 곳은 망우산 둘레길이라는 것을 알았다. 살기 위한 몸부림이라고 할까. 오늘이 마지막 날인 것처럼 한발 한발 힘겹게 떼는 발걸음을 보자니 애련한 마음에 눈시울이 뜨거워진다.'라고 그의 작품 〈노인의 자리〉에 표현했다. 개똥밭에 굴러도 이승이 낫다는 말을 실감한다. 스치고 지나칠 수 있는 모습에서 누구의 삶 전부를 자신의 것으로 끌어내는 능력은 대단하다. 그런 시선이 있어 글을 써야 한다는 의식이 생겼을지도 모르겠지만, 분명한 것은 일상이 글이 된다는 사실이다.

 김형숙 작가의 글을 읽으면 머리가 맑아진다. 살면서 매일 자신을 새롭게 돌아보는 일은 쉽지 않다. 세상과 소통하며 순간,

순간을 가슴에 담는 김형숙 수필가는 멈추지 않는 현재진행형 작가다. 글과 함께 언제까지나 그 길 위에서 자신만의 길을 완성해 나갈 것으로 믿는다. 그 자체만으로 완성된 작가라고 할 수 있는 까닭이 바로 여기에 있음이다. 좋은 글을 엮어낸 김형숙 수필가의 당찬 기운이 들불처럼 번지길 기대한다.

　김형숙 수필가의 『딸기원에 둥지를 틀다』 출간을 진심으로 축하합니다. 2025년 4월 15일

● 저자의 한마디 ●

망우산이 품은 딸기원

저자 **김 형 숙**

어디가요. 망우산에 갑니다. 이른 아침에 동네 사람들을 만나면 주고받는 인사말이다. 망우산을 친구삼아 산지가 40년이 넘었다. 처음에는 작게 보였는데 나이 들어 버거운지 지금은 태산만큼 크게 보인다. 산이 변했을까 내가 변했을까. 누구도 아닌 세월이 속임수를 쓴 것 같다.

그렇다고 산이나 내가 변하지 않았다는 말이 아니다. 듬성듬성 자라던 잡목의 산이 울창한 숲으로 뒤덮였으며 나보다 키 작은 애솔이 아름드리 거목으로 성장했다. 흙길, 자갈길이 데크길, 보행매트, 나무계단으로 바뀌었으며 입산하기 편리하게 인공구조물을 요소요소에 설치해 놓았다. 그런가하면 크고 작은 나무들이 폭풍우에 많이도 쓰러져 죽었다. 지금도 산비탈에는 나목의 시체들이 어지러이 널려있다. 장작을 때던 시절이었으면 불티가 났을 텐데 누구도 쳐다보지 않는다.

나는 어떤가. 얼굴에 주름살이 늘고 기미가 끼는 것은 나이 탓이라 치터라도 산천을 누빈지가 엊그제 같은데 망우산과 딸기원을 벗어나지 못하고, 머리가 맑고 눈빛이 초롱초롱했는데 정신이 흐린 것을 보면 몸도 마음도 몰라보게 변한 것 같다. 하기야 세상사 다 변하는데 나만 독야청청 할 수 있겠는가.

제 눈에 안경이라고 내 눈에는 망우산과 딸기원만 보인다. 오전나절에는 친구들과 건강산행을 하고 한여름에는 피서지로, 나만의 시간이 필요할 때는 사색의 공간으로 찾는다. 그런가하면 마음에 상처를 입거나 지치고 힘들 때, 기분이 울적하고 스트레스가 쌓일 때, 만사가 귀찮고 답답할 때도 이곳으로 도피한다. 이 산이 특별한 것은, 헤아릴 수 없이 많은 묘들이 산지기 역할을 하고 있다는 것이다. 그래서 망우산 공동묘지는 신성하고 엄숙한 곳이다. 나는 오다가다 오래된 무덤의 비석을 볼 때가 있는데, 상세히 새겨놓은 망자의 이력을 보면서 내 묘의 비문에는 무엇이 그려질는지 상상해보기도 한다. 기분이 좋을 때는 맞장구 쳐주고 나쁠 때는 마음을 삭여주는 유모 같은 존재이다. 이산은 때를 가리지 않고 나를 포근히 안아준다.

나는 망우산에 오를 때는 언제나 메모지를 준비한다. 이곳에 오면 쓸 것이 많아서 머리와 눈, 손이 바쁘다. 산 입구에 들어서면 실바람에 나부끼는 베너기와 아침인사를 시작으로 철철이 변하는 초목들과 나누는 대화는 물론 이곳에 잠들어있는 망자들이 들려주는 살아생전의 인생담을 기록한다. 다람쥐와 주고

받은 이야기들이 새록새록 떠오른다. 아침 산행 길에 만나면 먹이를 한입가득 입에 물고 나무와 땅바닥을 자유롭게 넘나들었는데 그 앙증맞은 모습을 본지가 오래다. 왜 발길을 뚝 끊었냐고 물었더니 인간등살에 숲과 풀이 훼손되어서 숨이 막혀 못살겠다고 하소연한다. 민감하기 그지없는 녀석들이 사람들의 분별없는 소행으로 삶터를 떠났다는 서글픈 얘기를 듣다보니 나도 그런 인간 중의 하나가 아닌가 싶어서 죄스런 마음이 든다. 계절 따라 변모하는 천의 얼굴을 가진 망우산은 나에게는 글 소재의 보물창고라 할 수 있다.

 망우산에 끌리고 딸기원에 반해서 이 산자락에 보금자리를 마련했다. 이 마을은 망우산 기슭의 분지라서 고립된 느낌이 들지만 번잡하지 않아서 편안한 삶을 누릴 수 있는 최적의 안식처라 할 수 있다. 오밀조밀 모여있는 오래된 단독주택 사이는 담장이 없으며 도시를 품고 있지만 산촌마을의 향취가 물씬 풍긴다. 우연히 인근을 지나다가 평소에 그리던 낙원이 눈에 띄어서 서둘러 이곳으로 이삿짐을 옮겼다. 망우산에서 채집한 글감을 손질하고 숙성시켜서 창작하는 산실로 이만한 곳이 있을까. 오랜 숙원을 풀어준 산신과 성주신에게 진심으로 감사한다.

 망우산이 품고 있는 딸기원에 둥지를 틀었으니 수양하는 마음자세로 글공부 하면서 남은 인생을 유연자적 하련다. 2025. 5.

차 례

추천사 003 **김정오** 서정과 이지적 설리(說理)가 예술적 상상력과 함께
깃들어 있는 글월
009 **전수림** 김형숙 수필가의 -글로 그린 그림-
저자의 한마디 013 망우산이 품은 딸기원

1. 새해를 여는 기도

021 해맞이 스케치
024 초라한 해맞이
026 해맞이객의 소망
029 해맞이는 망우산에서

2. 가까운 더 가까운

035 아버지가 그립다
038 농익은 친구
042 진짜 친구
045 삼총사
048 사람 노릇
052 빨간 손지갑
056 기일을 잊다
059 노파심
063 연심

3. 망우산 타령

071 체면불구
074 건강 다지기
078 산딸기 술 빚기
081 길
084 변신
088 걷기 위해 산다
091 구인광고
095 유택
098 망우산의 사계
101 쌍방 힘겨루기
104 딸기원에 둥지를 틀다
108 노인의 자리
112 싸구려 먹거리
116 카네이션 한 송이

4. 되새기고 싶은 것들

123 내 운명은
127 희귀작품을 만나다
131 공 칠 뻔한 탐방길
134 석굴암에 은신하다
137 코로나 대적
141 손 글씨
147 몽키 하우스(monkey house)
151 경로 우대증

155 네 이름이 무엇이냐
159 냉장고는 만능이 아니다
162 나이를 잊은 사람들

5. 나만의 잡설

169 헤픈 눈물
173 깜박 증
177 외톨박이
180 운전대와 거친 말
183 풀리지 않는 주차난
186 차와 맺은 인연
190 넋 놓고 살다
194 팔자소관
197 민머리
202 예뻐지기
206 기록 경신

6. 희망의 메시지

211 정말 잘했어
214 꿈에 날개를 달다
216 꿈이 있는 곳
219 역사문학의 탄생

01
새해를 여는 기도

해맞이 스케치

초라한 해맞이

해맞이객의 소망

해맞이는 망우산에서

해맞이 스케치
2020. 1. 1.

　해님을 맞이할 생각에 가슴이 설렌다. 간밤에 용마산에 올라 힘차게 치솟는 태양을 가슴에 품은 꿈을 꾸었다. 그런데 아침에 일어나 동녘 하늘을 보니 짙은 구름이 파도처럼 밀려든다. 구름도 새해맞이를 하려나 보다. 하기야 우주 만물이 새해를 맞는 기쁨을 함께 누릴 수 있다면 축복이 아니겠는가.

　지난해를 되돌아보았다. 삼백예순다섯 날을 개미 쳇바퀴 돌듯이 그날이 그날같이 산 것 같다. 헛되이 보낸 날들이 밉지만 그래도 탈 없이 살았으니 고마울 따름이다. 그런 날들이 쌓여서 지금 내가 존재한다고 생각하면 어느 하루도 아깝지 않은 날은 없을 것이다.

　가로등 불빛에 솜털 같은 하얀 눈이 너울너울 춤을 춘다. 해맞이 축제장의 분위기를 한껏 띄우려는 듯이 구성진 품새를 자랑한다. 나도 덩달아 흥에 겨워서 어깨가 으쓱거린다. 해는 볼 수 없지만 서둘러 나온 것은 잘한 것 같다. 날씨 핑계 대고 집에 머물렀으면 보나 마나 꿈속에서 방황하거나 TV와 씨름하느라 정신이 없었을게다.

해 뜰 시간이 가까 오자 사람들이 구름처럼 모여든다. 우리 일행은 산 정상에 오르지 않기로 했다. 산꼭대기는 몰려드는 사람들로 발 디딜 틈이 없을 텐데, 우리까지 끼어들어 혼잡을 부추기고 싶지 않았기 때문이다. 오며 가며 만나는 사람들과 인사를 나누고, 지난해를 돌아보면서 새해를 스케치해 본다면 그것도 근사한 새해맞이가 될 것이다.

해맞이 나온 사람들의 거동이나 옷차림을 보니 각양각색이다. 추운 날씨에 겉옷을 허리에 둘러매고 달리는 중년 남자, 맨발의 청춘이 무색하게 신발을 양손에 들고 종종걸음치는 나이 지긋한 어른, 유모차에 어린아이를 태우고 끙끙대면서 비탈길을 오르는 아기엄마, 이른 아침 큰 추위에 보기 드문 풍경들이다.

하산 길에 떡국을 맛있게 얻어먹었다. 뜨끈한 떡국 한 그릇에 추위가 풀리고 해님을 보지 못한 아쉬움이 싹 가신다. 일회용 종이 그릇에 대충 담아 들었지만 산중진미를 보았다. 거기다 봉지 커피로 입가심을 하니 마음까지 따끈해진다.

나는 한 그릇이면 충분한데 어떤 이는 더 달라고 빈 그릇을 내민다. 마음씨 좋은 사람은 한 그릇 더 얻어다 옆 사람에게 선심을 쓴다. 뜨거운 국물은 호호 불면서 마시고 건더기는 막 수저로 연신 퍼먹는 사람들의 얼굴에서 근심·걱정은 찾아볼 수가 없다. 주는 이는 흐뭇해서 좋고 먹는 이는 배불러서 신이 나니 365일이 오늘만 같으면 살판 나겠다.

뿌듯한 정을 나누는 봉사활동은 새마을 단체에서 마련했다고 한다. 장만하느라 저녁잠도 설쳤을 텐데, 우리 배만 채우느라 정신이 팔려서 그들의 수고와 정성 어린 손맛을 잊을 뻔했다. 주부들의 맑은 미소에 상냥한 언사, 발빠른 손놀림은 새벽 추위를 녹이기에 충분했다.

떡국 잔치를 벌이는 와중에 갑자기 누군가 큰소리로 외쳐댄다.
"나이는 먹지 말고 떡국만 먹으면 좋겠다."라고.
그 말이 귀에 솔깃해서 나도 한마디 거들었다.
"할 수만 있다면 먹은 나이도 토해내고 싶다."라고.

해 구경이나 하자고 남 따라 산에 오른 것은 아니다. 지난날을 되돌아보고 새해 소원을 빌면서 해님의 계시를 마음에 새기려고 꼭두새벽부터 서둘러 온 것이다.

하느님의 가르침을 소중히 간직하고 돌아오면서 마음을 단단히 먹었다. 가슴속에 묶어놓지 말고 끄집어내서 실천에 옮기자고.

초라한 해맞이
2021. 1. 1.

엊저녁에는 뒤척이느라 잠을 설쳤다. 한일 없이 보낸 세월이 안타깝고, 나이 한 살 더 먹은 것이 마음에 걸려서 그랬다. 선잠에서 깨어나니 여명이 해맞이를 서두르라고 재촉한다.

지난해는 한 번도 살아보지 못한 세상을 살았던 것 같다. 가지도 오지도 마라, 주지도 받지도 마라, 심지어는 가족도 멀리하라 하니 집안에 갇혀 사느라 숨이 멎을 뻔했다. 평범한 일상을 잃어버렸고 앗아간 시간도 찾지 못했다. 코로나19가 우리 손발을 꼭꼭 묶어놓은 것이다. 전염병의 기세가 꺾이지 않을 뿐더러 변변한 치료약도 없는 실정이다 보니 올해도 맘 편히 살기는 그른 것 같다.

그래도 해님에게 소원을 빌고 싶어서 서둘러 새벽길을 나섰다. 그런데 코로나19 때문에 입산을 통제한다는 팻말이 망우산 초입에서 길을 막아섰다. 어찌해야 할지, 가던 길을 멈추고 잠시 생각에 잠겼다. 방역지침을 어기는 게 마음에 걸리지만, 평소에 산행하는 곳이라서 조심스러운 마음으로 산에 올랐다. 그런데 해맞이 객은 고작 기십 명에 불과했다. 사람들이 밀물처럼 몰려와서 해님의 얼굴을 보고 함성을 지르던 예년의 열기는 찾아볼 수 없었다. 어슴푸레한 분위기에 적막감만 흘렀다. 거기다 공동묘지라서 을씨년스런 느낌마저 들었다. 아주 오래전 일이다. 그때는 친구들과 어울려서 무박 2일 코스로 야간열차를 타고 해맞이명소를 찾아다녔다. 저녁잠은 기차 신세를 지고 식사는 간편식으로 때우면서 시간도 아끼고 돈도 절약하는, 실속 있는 해돋이 여행이었다.

그런데 10여 년 전부터 망우산을 벗어나지 못하고 있다. 열기가 식은 탓도 있지만 다른 곳은 마음이 내키지 않아서 그런다. 또 오랫동안 이 산과 어울리다 보니 정이 들어서 마음이 끌리는 것도 숨길 수 없는 사실이다.

하늘은 맑고 구름 한 점 없는데 얄궂게 옅은 구름이 태양을 에워싸고 있다. 그래도 코로나로 힘들어하는 내 모습이 안쓰러웠는지 구름을 제치고 나와서 귓속말로 묻는다. 소원이 무엇이냐고. 마음 같아서는 고대광실에서 부귀영화를 누리고 싶다고 여쭙고 싶었지만, 천박한 욕심을 부린다고 나무랄까 봐서 속마음을 숨긴 채 걱정 없는 세상에서 살고 싶다고 주문했다. 해님은 내 마음을 헤아렸는지 웃음 띤 얼굴로 고개를 끄덕였다.

올해는 유례없는 코로나19 대유행으로 초라한 해맞이가 되었지만 좋아질 거란 희망을 마음 가득 품고 돌아왔다.

해맞이객의 소망
2023. 1. 1.

　올해는 계묘년 토끼해다. 토끼는 순진하고 영특하며 풍요를 상징하는 짐승이라고 하니, 금년에는 만사가 술술 풀릴 것 같다. 하늘은 맑고 추위도 살짝 비껴가서 해맞이 길이 마실가는 기분이다.

　어둠길을 뚫고 망우산을 오르는데, 그 새벽에 까마귀 한 마리가 까옥까옥 울어댄다. 가족들 몰래 살짝 나온 것 같다. 겨울이 깊어지면서 먹이 사냥이 어려웠는지 힘없는 목소리다. 평소 산길을 걷다 보면 목청껏 지저귀면서 끼리끼리 비행하는 모습이 멋져 보였는데, 추위를 무릅쓰고 이 새벽에 나온 것을 보면 무언가 소원이 있는 모양이다. 나는 그들의 소망이 무엇인지 익히 알고 있다. 망우산을 자유롭게 날면서 먹이 사냥을 할 수 있도록 자연을 훼손하지 말라는 것을. 그러고 보니 까치가 보이지 않는다. 설날 하면 까치들의 잔칫날이라 일찍부터 소란스러울 텐데 웬일일까? 전날 설맞이 하느라 힘들어서 늦잠에 취한 모양이다. 까치설날은 어저께이니 그럴 만도 하겠다.

　온 산에 나무들도 새해맞이 채비에 여념이 없어 보인다. 발가

벗은 몸으로 동장군과 싸우느라 지쳐 보이지만, 새해 꿈을 설계하는 표정은 진지하다. 나는 빈틈없이 준비하고 차질 없이 실행하는 그들의 사계절을 눈여겨보았다. 봄이 오면 싹을 틔우고, 여린 잎이 꽃샘추위에 떨까 봐 마음을 졸인다. 여름으로 접어들면 온 산은 녹색 천을 휘감고, 태양의 열기를 받은 잎새들은 바람결에 힘찬 파도를 일으킨다. 햇살에 가을빛이 끼면 초록 이파리는 색동옷으로 갈아입고 가지와 작별의 인사를 고한다. 헤어지기 섭섭한지 잡은 손을 차마 떼지 못한다. 겨울바람이 몰아치면 낙엽은 온 산을 뒤덮고 앙상한 나뭇가지는 깊은 잠에 들어간다. 다시 올 봄날의 소생을 꿈꾸면서 망우산의 사절기를 마무리한다. 그들은 태어난 곳에서 생을 마감하지만 불편한 내색은 하지 않는다. 그렇지만 폭풍우나 가뭄, 한파가 몰아칠까 봐 근심·걱정을 달고 산다. 그들도 우리 못지않게 하느님에게 바라는 소원이 많을 것이다.

해 뜨는 시각이 다가올수록 사람들이 점점 몰려든다. 올해도 예년처럼 망우산 공동묘지에서 해님을 맞았다. 우리 일행은 앞이 탁 트이고 마당이 넓은 어느 무덤가에 자리를 잡았다. 코로나19 발발 전에는 사람들이 북새통을 이루었는데 오늘은 가족이나 친우들끼리 거리를 두고 모여 있다. 대부분이 마스크를 썼으며, 그 흔한 모닝커피를 마시는 사람도 없다. 아직도 코로나바이러스의 그늘에서 벗어나지 못한 것 같다.

올해는 해님이 검은 토끼 상을 하고 뜰 줄 알았는데, 떠오르는 태양을 보니 혈색이 도는 얼굴이다. 이 순간을 보기 위해서 마음 졸이고 기다린 시간이 얼마인가? 설레는 가슴이 두근거린다. 해님에게 새해소원을 조곤조곤 여쭈다보니 시간이 저만치 흘렀다.

욕심은 버릴 수 없지만 마음만은 산을 닮아서 천진했으면 좋겠다. 해님에게 빌었다. 산의 정기를 받아서 마음이 청정해 달라고.

해맞이는 망우산에서
2024. 1. 1.

　해님이 앞산 능선에서 불그스레한 얼굴을 내밀고 웃는다. 열에 여섯 번은 궂은 날씨로 해를 보지 못했기에, 맑은 하늘에 둥근 해를 보여 달라고 간밤에 빌었더니 그 바람이 이루어진 것 같다.

　해맞이 길에 만난 벌거벗은 나무들은 물론 길가에 마른 풀잎까지 나를 반갑게 맞아주었다. 새벽잠을 깨울까 봐서 조심스레 걸었는데 그들도 늦을세라 해맞이 채비를 서두르는 눈치였다. 낯익은 사이여서 평소에는 가볍게 눈인사만 했지만 오늘은 새해 희망을 함께 염원했다.

　새벽길이라서 힘들 법도 한데 새해를 맞는 사람들의 발걸음은 가볍고 얼굴에는 화색이 돌았다. 무엇보다 반려견과 같이 온 사람들이 눈에 띄게 늘었다. 주인 손을 놓칠세라 꼭 잡고 걷는 발발이가 추운지 종종걸음을 하고 있다. 애견들은 무슨 소원을 빌었을까?

　젊은 시절에는 해돋이 명소를 찾아서 사방을 누비고 다녔다. 그런 곳은 명성만큼이나 사람들이 북적였다. 그런데 몇 년 전부터 해맞이 장소를 망우산으로 옮겼다. 집에서 가깝기도 하지만 잘 구비된 전망대가 마음에 들었기 때문이다. 무엇보다 평소에는 이 산이 좋다고 살다시피 하더니 막상 해맞이는 다른 데서 한다면 의리 없다고 등질 텐데 무슨 낯으로 그리할 수 있겠는가. 신사 체면에 그럴 수는 없지. 이 산은 삼백 고지가 채 안 되지만 어머니 품처럼 포근할 뿐만 아니라 공동묘지를 품고 있어서 어느 산과는 색다른 면모를 갖추고 있다. 올해도 해맞이 객들과 영령들이 한데 어울려서 소원을 빌었다. 액운은 내치고 행운은 넘치도록 주십사하고. 전과는 달리 떡국이나 커피를 들면서 덕담을 나누던 정겨운 모습은 눈에 띄게 줄었다. 코로나19 전염병의 악몽이 아직도 가시지 않은 것 같다. 우리 일행도 행동거지는 조심스러웠지만, 하느님과 주고받은 이야기는 풍성했다.

어느 해인가는 사람들이 구름처럼 몰려들어 목 좋은 자리를 잡으려고 야단법석을 피운 적이 있다. 그러다 보니 거인들의 틈에 끼어서 꼼짝 못 하고 버둥대느라 해 뜨는 순간을 놓치고 말았다. 그런데 코로나19가 발발했을 때는 썰렁하다 못해 찬바람만 불었다. 그 넓은 공간에 기십 명이 끼리끼리 둘러서서 주변을 두리번거렸다. 마치 낯선 사람이 가까이 오는 것을 경계라도 하듯이 말이다.

망우산은 70년대 초만 해도 5만기가 넘는 묘가 있었으나 자연

소멸되고 이장하여 지금은 7천여 기가 남아서 산을 수호하고 있다. 대부분이 무명인이지만 근현대의 혼란기에 독립운동, 정치, 예술, 종교 등 여러 방면에서 큰 공을 세운 위인들이 많다. 얼마 전까지도 귀신이 나오는 공동묘지라고 해서 섬뜩하여 기피하는 경향이 있었으나 지금은 전혀 다른 이미지로 바뀌었다. 오히려 자연생태공원을 조성하여 성묘객은 물론 산을 찾는 사람들의 휴식처가 되었다. 산자와 망자가 공존하는 도심 속의 낙원으로 탈바꿈한 것이다. 잘 정비된 순환도로는 산을 좋아하는 사람들의 산책코스로 그만이다. 또 최근에 새롭게 단장한 '망우역사 문화 공간'도 빼놓을 수 없는 볼거리이다. 젊은이들에게는 심신을 단련하는 트레이닝센터요, 어른들에게는 힐링 파크이면서 여가를 즐기는 최적의 놀이터라 할 수 있다.

　망우산은 태조 이성계와 인연이 깊다. 이 태조가 조선을 건국한 후 동구릉에 건원릉 터를 정하고 돌아오는 길에 이곳에서 주위의 산세를 둘러보면서 '이제야 근심을 잊어도 되겠구나!'라고 하여 망우라는 이름이 붙여졌다고 한다. 또 길지에 묘지를 조성하는 관례를 봐도 이 산이 명당임을 알 수 있다.

　산 정상에서 바라보면 동쪽에는 한강이 흐르고 그 맞은편에는 오밀조밀 도시민이 터를 잡고 산다. 아기자기한 산세와 공동묘지가 어우러진 천혜의 산 망우산에서 해해연년 해맞이를 할 생각이다.

02
가까운 더 가까운

아버지가 그립다
농익은 친구
진짜 친구
삼총사
사람 노릇
빨간 손지갑
기일을 잊다
노파심
연심

아버지가 그립다

막상 가보면 나를 반기는 이는 노령의 형수님뿐이다. 내가 살던 집은 물론 어느 것 하나 옛것이 없다. 초가집은 시멘트 건물로 바뀌고 먼지 일던 골목길은 포장해서 낯선 동네에 온 느낌이다. 그런데도 고향을 잊지 못하는 것은, 아버님이 잠들어 있고 애증과 추억이 서려 있기 때문이다.

아버님은 60대 중반, 아쉬운 연세에 돌아가셨다. 흡연이 원인이었는지, 심한 기침을 자주 하더니 폐 질환으로 별세하셨다. 지금도 가슴에 맺혀있는 한은 임종을 보지 못한 것이다. 전주에서 고등학교에 다닐 때였다. 여름방학을 맞아서 집에 오니 달포 전에 상을 치렀다고 했다. 오가는데 비용 들고 힘들까 봐서 연락을 하지 않았단다. 얼마나 가난에 쪼들렸으면 차비가 아까워서 알리지 않았을까? 복받쳐서 눈물만 쏟아졌다. 가족과 동네 친인척끼리, 그것도 남의 산에 어렵게 묘 터를 마련하여 조촐하게 장사를 치렀다고 한다. 떵떵거리고 살았다면 동네방네에 방을 붙이고 장례도 성대하게 치렀을 텐데, 없는 자의 초상은 그리도 초라했는지 가난이 원망스러웠다.

아버지가 돌아가신 후 제삿날이나 명절에 성묘할 때면 땅 주인이 이장하라고 퉁명스럽게 해댔다. 그때마다 통사정하고 성의 표시를 하면서 버텼다. 세월이 지나면서 주인은 봉분만 남겨 놓고 야금야금 묘 터를 농지로 일궈버렸다. 바라만 볼 수밖에 없는 무력감에 마음 편한 날이 없었다. 그 후에 가까스로 인근의 야산을 구입하여 납골 묘를 만들고 부친을 비롯해서 공동묘지에 흩어져 있는 선인들의 묘를 한곳에 모셨다. 늦었지만 셋방살이를 면하게 되어 큰 짐을 벗게 되었다.

아버지는 가난한 집안의 가장으로 태어나서 대가족을 건사하는데 평생을 바쳤다. 고향을 지키면서 흙에 묻혀 외길을 걸은 농부였으며, 잇속도 없는 소작농에 매달려 농사일하느라 허리 한번 펴지 못한 고단한 삶을 살았다. 물론 학교 문턱을 넘어본 적도 없다. 나도 농촌에 머물러 살았으면 어찌 되었을까. 빈농에서 태어나 먹고 살기 바빴으니 초등학교 졸업이 전부였을지도 모른다. 공부보다는 농사나 집안일을 돕는 것이 당연시하던 시절이었으니까.

그때는 대부분이 가난에 찌든 생활을 했지만, 저택에 부자도 없지 않았다. 대다수 아이는 바지저고리나 허름한 옷에 고무신 신고 책 보따리 등에 메고 학교에 다녔다. 어린 마음에도 양복에 책가방 메고 다니는 친구를 보면 그렇게 부러울 수가 없었다.

아버지는 왜소한 체구에 홀쭉한 얼굴, 핏기 없는 안색에 대머리까지, 마음에 드는 풍채는 아니었다. 단신 때문에 받는 스트레스는 키 큰 사람은 모른다. 결혼이나 직장생활은 물론 사람들을 대할 때도 작은 키로 인한 핸디캡이 마음을 움츠리게 한다. 판박이 부자가 아니랄까, 나는 아버님을 쏙 빼닮았다.

아버지는 숫기가 별로 없으며 낮은 자세로 산 촌부였다. 말수가 적고 내성적이지만 청빈하고 심지가 곧은 편이며, 남에게 싫은 소리 한번 하지 않는 샌님이었다. 많은 식솔에 팍팍한 살림은 잠깐의 여유도 허락치 않았지만, 화목한 가정을 꾸리는데 쏟은 아량은 어느 집 가장에 뒤지지 않았다. 아버님의 넓은 마음과 곧은 성품은 내가 참인간으로 사는데 밑거름이 되었다.

아버지가 간 길은 올곧고 청렴했다. 나도 그 길을 가고 있는가? 삐쩍 마른 아버지가 그립다. 2020. 5.

농익은 친구

객지에서 만나 친구를 맺고 지낸 지가 반백년쯤 되는 것 같다. 탱탱한 얼굴에 검버섯이 피고 늘어나는 골 주름을 보면 그리되어 보인다. 죽마고우라면 몰라도 사회 친구로 만나 40여 년을 한마음으로 한 길을 걸어온 것은 드문 일이라서 하늘이 맺어준 인연으로 알고 고이 간직하려 한다. 가족의 인연이 혈연이라면 우리의 만남은 필연이라 해도 좋을 것이다. 무엇이 우리를 우정의 끈으로 묶어놓았는지 콕 집어 말할 수는 없지만 되짚어보면 이웃에 살면서 끊임없이 만난 것 외에는 그다지 한 것이 없다.

그중에 한 친구가 서울 근교에서 밭농사를 짓고 있다. 초목의 색과 향에 끌려서 야산 기슭에 밭뙈기를 마련한 것이다. 가끔 찾아가서 일을 거들어 주기도 하고, 계곡물 소리를 안주 삼아 막걸릿잔을 들거나 짙푸른 나무 그늘 밑에서 망중한을 즐기기도 한다. 우리만의 이야기를 나누면서 우의를 다지기에 더없이 호젓한 곳이다.

돌아올 때는 상추, 아욱, 깻잎 같은 채소를 비닐봉지에 하나 가득 따온다. 풋풋한 상추나 깻잎은 쌈 싸 먹고 다른 찬거리는

국을 끓이면서 '나도 주부를 닮아가는구나!' 하고 엷은 웃음을 지어본다. 그런데 아욱국을 끓여놓고 보니 한 사발이 채 안 된다. 초보 살림꾼이라서 감을 잡지 못한 것 같다. 친구들은 가족이 있어서 한 잎이라도 더 챙기려고 부지런 떨지만 나는 내 배만 채우면 그만이라 그런 생각이 없다. 친구들의 부산한 손놀림은 욕심이라기보다는 진한 가족사랑으로 보인다.

나는 산간농촌에서 태어나 십 대 후반에 상경했다. 서울 변두리에 터를 잡고 대학을 다닐 무렵에 형편이 여의치 않아서 공직에 몸을 담았다. 직장에 다니던 어느 날 우연찮게 한 모임에서 같은 또래의 낯선 사람들을 만났다. 나이도, 직업도, 성격도 생판 모르는 사이지만 마음이 끌려서 통성명하고 말을 섞었으며 그때부터 객지 벗이 되어 우의를 다져왔다. 어떤 이는 우리 셋을 두고 의형제를 맺었느냐고 부러운 눈빛으로 묻기도 한다.

우리는 가능하면 아침 산행을 거르지 않는다. 오랜 세월 하다 보니 습관처럼 몸에 배었다. 일찍 일어나서 하루일과를 숲속을 거닐면서 시작하는 또 다른 가족이라 할 수 있다. 봄꽃놀이, 가을 단풍 구경, 겨울 설경 감상도 같이한다. 여름에는 더위를 피해 냇물에서 낚시질하면서 나이를 잊은 채 물장구를 치기도 한다. 미식가는 아니지만 이따금씩 소문난 음식점을 찾아 맛 집 나들이를 하는 것도 빼놓지 않는다. 이렇게 우정을 키우면서 살다 보니 노후대책도 함께 설계하는 운명공동체가 되었다.

　친구는 널려있고 누구나 쉽게 사귈 수 있다고 하지만 모르고 하는 말이다. 만나고 헤어지기를 밥 먹듯이 하는 사람이 있는가 하면, 한번 사귀면 관계를 소중히 간직하는 사람도 있다. 신뢰가 없으면 우정은 깨지기 쉬우며 믿음이 도타우면 팥으로 메주를 쑨다 해도 곧이듣기 마련이다. 일상 속에서 가랑비에 옷 젖듯이 서서히 스며드는 정은 시간이 흐를수록 농익을 것이다. 나는 한 우물만 파기를 고집하는 미련퉁이이다. 고지식하다고 빈정대도 어쩔 수 없지만 그런 사귐이 없었다면 내 곁에 해묵은 친구가 있을까, 반문해 본다.

　사람이 넘치는 세상에 인간이 없어서 외로움과 싸우거나 쓸쓸히 죽어가는 현실을 보면 쉽사리 이해가 가지 않는다. 인간 내음이 사라진 자리에 각박한 인심이 파고들다 보니 외톨이가 늘어나는 추세이다. 장수 시대에 견디기 힘든 고통은 질병 못지않은 외로움이라고 한다. 만나면 이구동성으로 지루하고 따분한 시간과 싸우느라 진땀을 뺀다고 투덜대는가 하면 나이 타령이 대화의 주제가 된 지 오래다. 나는 고독의 늪에 빠질까 봐 두려운 나머지 일찌감치 우정의 텃밭을 공들여 가꿔왔다.

　봄인가 싶더니 여름이고 가을인가 했더니 어느새 겨울이 기다리고 있다. 내 나이가 몇인가 샘해보니 낙엽이 지고 을씨년스런 늦가을쯤 된 것 같다. 친구들의 얼굴에도 세월이 덕지덕지 붙어 있지만, 용케도 우정은 처음 그대로이다.

 오늘도 푸성귀가 무성한 남새밭에서 세월이 켜켜이 쌓인 농익은 친구 셋이 다짐해본다. 마지막 날까지 한마음으로 한길을 걷자고. 2020.7.

진짜 친구

 미치지 않고서야 이럴 수는 없다. 체감온도가 영하 20도에 눈까지 내리는데, 친구가 이른 아침에 산에 가자고 불러댄다. 성치 않은 몸인데도 혹한 따위는 아랑곳하지 않고 재촉한다. 하기야 산에서 지낸 세월이 얼마인데, 몸에 밴 습관이 가만 놔두겠는가. 또 다른 친구가 춥다고 몸 사리지 말고 냉큼 나오라고 거든다. 2, 30대도 아닌 나이에 어디서 저런 혈기가 솟아날까?

 오늘 같은 날은 쉬는 것이 건강에 좋을 성싶은데, 마음은 내키지 않지만 나가지 않을 수 없다. 오랫동안 궂은 날씨와 싸우면서 다져진 의리 때문에 나가야 한다. 이런 친구들이 있으니 나도 덩달아 미칠 수밖에 없다. 귀찮고 힘들 때도 있지만 내가 누리는 건강을 생각하면 이 정도는 부담이랄 것도 없다. 이런 자리를 마련해준 중심에는 망우산이 있다. 산세가 웅장하거나 경관이 빼어난 것도 아니지만 우리를 포근히 안아준 덕분에 우정이 싹트고 자란 것이다.

 더구나 코로나19 때문에 1년 넘게 문밖출입이 어려워서 집안에 갇혀 있어야 할 판인데, 이들의 극성이 나를 집밖으로 끌어낸 것이다. 전염병이 두렵지만 우리는 만남을 게을리 하지 않았다. 오래전부터 하루를 산에서 함께 시작한다. 어지간한 일은 뒤로 미루고 우선 만나서 산행을 하고본다. 이러다보니 아침에 일어나면 가족보다 친구를 먼저 보는 경우가 많다. 어떤 이는 우리를 망우산이 맺어준 진짜 친구라고 말한다.

 겨울 등산은 위험이 따르므로 예방 차원에서 우리만의 산행수칙을 만들었다. 기온이 영하 10도로 떨어지거나 빙판에 눈보라가 몰아치면 쉬자고 말이다. 준비 없이 의욕만 앞세워 산에 오르다간 사고를 당하기 쉬우니 약속은 꼭 지키자고 다짐했다. 겨울철에는 낙상하여 병원 신세를 지거나 고생하는 사람들이 많은데, 거개가 방심이 불러온 사고라 할 수 있다. 약속은 철석같이 했지만, 오늘도 공약(空約)이 되고 말았다.

 친구면 다 친구인 줄 알았는데 그렇지 않다는 것을 알았다. 15,6년 전에 동네 산악회에서 동호인들을 만나 사귀었는데 그들은 술과 유흥을 즐기는 편이었다. 주말이면 서울 근교 산을 즐겨 찾았으며 도봉산은 신물이 나도록 오르곤 했다. 하산하면 으레 술판을 벌였다. 거나하게 마시는 것은 기본이고 2차 3차에 이어 노래방까지 휩쓸기 일쑤였다. 건강하게 살자고 산에 올라 '야호' 하고 함성을 지르면 무얼 하나, 하산하기 무섭게 독주를 들이마시기 바쁜데.

그런 시간이 3년여, 빨리 달구어진 쇠가 빨리 식는다고 어느 순간에 정이 떨어지고 왕래가 끊겼다. 그럴만한 이유가 무엇이었는지 그동안의 발자취를 더듬어 보았다. 그런데 어렵지 않게 그 사유를 찾아냈다. 우정 쌓기는 소홀히 한 채 음주와 놀이에만 눈이 멀었기 때문이다. 술과 쾌락은 정신을 혼미하게 만들었으며 허무감만 커져 갔다. 지금은 추억 속에서만 그때의 필름이 생생하게 돌아가고 있다.

진짜 친구는 거저 얻는 것이 아님을 값비싼 대가를 치른 후에야 알았다. 끊임없는 관심과 접촉, 이해가 전제되어야 쌓아올린 우정의 탑이 무너지지 않는다는 것을. 오늘도 친구 셋이 망우산 숲길을 걸으면서 웃음 띤 얼굴로 하루일과를 시작했다.

2021. 1.

삼총사

 오랜만에 들어보는 친구의 목소리다. 술 취한 말투인데 거두 절미하고 나오라고 명령했다. 절친한 고등학교 동창 인지라 있는 곳을 물어물어 찾아갔다. 동년배의 여성들과 칼국수에 단무지 한 접시 놓고 강술을 마시고 있었다. 거나하게 취해서 혀 꼬부라진 소리로 술주정을 부리는데 기세가 등등한 것이 영 딴사람같이 보였다. 울적한 마음에 정처 없이 다니면서 마시다 보니 고주망태가 되었단다. 다른 사람이면 꼴불견으로 보였을 테지만 친구라서 그런지 밉지 않았다. 모처럼 만났으니 수다 떨면서 술잔을 부딪치면 좋겠지만 보는 것만으로 만족해야 했다. 얼마나 마셨는지는 알 수 없지만 몸을 가누지 못하는 것을 보면서 세월 앞에 장사 없다는 말을 실감했다. 나도 같은 배를 탄 입장이라 마음이 편치 않았지만, 술잔을 들고 일상에서 잠시 벗어나는 것도 기분전환의 한 방법이 될 수 있겠다는 생각이 들었다.

 이제 생활전선에서 물러나 인생의 뒤안길에서 놀고먹는 신세가 되었으니 남의 눈치 볼 게 무에 있겠는가? 아무 때나 만나서 지난 이야기를 꺼내 들고 껄껄대다 보면 속이 풀리고 처진 기분이 되살아나겠지. 시간이 많이 흘렀는데도 함께했던 지난 시절이 또렷하게 떠오른다. 세월은 거스를 수 없지만 그래도 옛 추억에 빠져들어 회춘하고 싶다.

소중한 인연은 고등학교 시절로 거슬러 올라간다. 공부 욕심에 시골내기가 객지살이하다 보니 낯설어서 방황할 즈음에 급우들이 누가 먼저랄 것도 없이 손을 내밀었다. 그중에 나와 처지가 비슷한 두 친우와 마음이 통하여 졸업할 때까지 껌딱지처럼 붙어 지냈다. 그들의 도타운 정은 가정형편이 어려운 내가 공부를 지속하는데 버팀목이 되었다. 학우들의 도움이 없었다면 졸업장을 받았을까 싶은 의구심을 지워버릴 수가 없다. 그들은 지금도 내 가슴속에 은인으로 자리매김하고 있다. 이렇게 우정으로 뭉친 우리 셋을 다른 친구들은 삼총사라 부러워했다.

고등학교를 졸업하고 진학을 하거나 생활전선에 뛰어드는 바람에 우리는 뿔뿔이 헤어졌다. 잠시라도 떨어지면 못살 것 같았지만 제 살길 찾아 흩어진 뒤로는 만나는 시간이 점점 줄더니 언젠가 부터는 발길마저 끊기고 말았다. 가슴 뛰던 우정은 모닥불 꺼지듯이 사그라져버렸다. 변하는 것은 자연현상이라지만 이리 쉽게 열기가 식어버리다니, 변명의 여지가 없는 변심이 아닐 수 없다. 그렇게 데면데면 하면서 보낸 시간이 얼마인가. 인생 후반에 접어들어 안정을 되찾은 우리는 옛정을 복원하는 일에 마음을 모았다. 옛 시절로 돌아가고픈 간절한 바람이 다시 뭉치는 견인력이 되어 새로운 삼총사로 태어났다.

그러고 보니 삼총사가 이뿐이 아니다. 같은 업무를 보면서 친분을 쌓은 직장동료 삼인방과 동네에서 만나 사귄 세 친구가 있다. 내 사는 동안 사귐과 헤어짐이 수없이 많지만, 그중에도 성향이 서로 다른 삼총사 세 팀이 의기투합하여 긴 세월 함께한 것은 하늘이 맺어준 인연이라 생각한다. 죽마고우는 말을 놓거나 짓궂게 굴어도 허물이 없어 좋고, 사회 친구는 늘 만나 세상사 돌아가는 이야기를 털어놓는 말벗이 되어서 좋다.

친구는 재산이란 말이 있다. 신이 준 선물이며 사랑의 근원이라 할 수 있다. 어떤 재산보다 귀중하다는 것을 살면서 새록새록 느낀다. 물질적인 재산은 자칫 물욕에 눈이 멀 수 있지만, 정신적인 재산은 정신 건강은 물론 마음의 여유와 만족감을 안겨준다.

우리 삼총사는 영혼이 통하는 소울 메이트라 할 수 있다. 늘 푸른 소나무처럼 언제나 한결같기를 바란다.

사람 노릇

　등산길에 주거니 받거니 이야기에 푹 빠진 중년의 여성들을 만났다. 산속이라 남의 눈치 볼 것 없고 산새들은 들어도 상관하지 않을 테니 이때다 싶었는지 내 식구 네 가족 가리지 않고 싸잡아 험담을 털어놓았다. 우연히 뒤따르면서 들었지만 모이면 남의 흉보는 게 예삿일이라 귀에 거슬리기보다는 솔깃했다. 아무개의 아들놈은 가까이 살면서 병고에 시달리는 부모를 남 보듯이 하고, 옆집의 젊은 놈은 홀어머니 돈을 뜯어다 펑펑 쓰고 다닌다면서 자기 일처럼 화난 표정에 목청을 높였다. 남의 자식 욕해서 무얼 해? 내 막내 아들놈은 대학입시가 코앞인데 코로나 핑계 대고 PC방을 제집 드나들 듯 한다면서 한숨을 내쉬었다. 그 말에 같이 가는 여인도 맞장구를 쳤다. 우리 아들놈은 제 색시 손에 쥐어 산다면서 며느리가 잘 들어와야 집안이 번성한다고 푸념을 늘어놓았다. 진심은 그것이 아닌데 이웃이 모이면 상투적으로 하는 말이 있다, 자식새끼 필요 없다고.

　누구나 말 못 할 사정이 있기 마련이지만 남의 일이라 그런지 내가 겪은 고통에 비하면 여인들의 대화는 통상적인 넋두리로 들렸다. 나도 가슴앓이를 한 적이 있다. 아들 때문에 진 빚이 화근이었다. 빚보증하는 자식은 낳지도 말라는 속담이 있는데 내가 그 덫에 걸려들고 말았다. 대추나무에 연 걸리듯이 진 빚을 청산하느라 죽다 살아났다. 채권자들과 입씨름하다 보니 화가 치밀고 지쳐서 녹초가 되기도 하고, 생활 리듬이 깨져서 밤과 낮을 거꾸로 살거나 무작정 배회하는 날도 많았다. 자식이 그리하도록 멍석을 깔아준 나 자신이 원망스러웠다. 아무것도 할 수 없는 현실 앞에서 무너지는 내 모습을 처음 보았다. 느리지만 멈추지 않고 앞만 보고 살았는데 느지막이 암초를 만난 것이다. 자식 놈은 제 잘못이 마음에 걸리는지 집을 나간 지 오래되었다.

시련은 괴롭지만 시간이 지나면 잊혀지기 마련이다. 골 깊은 미움도 잊은 지 오래다. 인제 와서 내 잘못 네 실수를 따져서 무엇 하랴. 혈연은 조물주가 맺어준 절대불변의 인연이거늘, 어찌 유 불리에 따라서 가벼이 처신할 수 있겠는가. 상처는 아물었으니 마음의 문을 열고 부자지간의 정리를 다졌으면 좋겠다.

등산을 즐기다 보니 산길에서 이런저런 사람을 만나게 된다. 그중에 마음을 끄는 사람이 있는데 그네들도 우리 못지않게 산행을 좋아한다. 그들은 일정한 거리를 두고 걷는다. 말수가 적고 다른 사람과 어울리지도 않는다. 처음 보는 사람들은 남남으로 오인할 수도 있다. 그런데 서로를 위하는 마음이 남달리 보인다. 걷다 힘들면 쉬어가고 목마르다 싶으면 물병을 주고받는 정감어린 표정에서 끌고 당기는 끈끈한 정이 샘솟는 것을 볼 수 있다.

그들은 60대와 30대의 부자지간이다. 처음에는 말도 섞지 않았으나 자주 만나다보니 눈에 익어서 대화의 물꼬를 텄다. 지금은 누구보다 가까운 길동무가 되었다. 산행을 하다 보면 모녀가 손잡고 다정스럽게 걷는 모습을 흔히 보지만 장성한 아들과 아버지의 경우는 흔치 않아서 신선한 느낌을 받았다.

그들의 애틋한 정은 잔잔한 감동으로 다가왔으며 고맙게도 나를 되돌아볼 수 있는 기회를 주었다. 나는 효도 운운하면 쥐구멍에라도 들어가고 싶은 심정이다. 먹고살기 바쁘다고, 거리가 멀어서 오가기 힘들다고, 이런저런 핑계를 대고 명절날 한꺼번에 몰아서 찾아가 얼굴을 내밀곤 했다. 어머니가 노령으로 몸져 누워 계실 때, 큰 누님이 병환으로 거동이 불편할 때 병문안마저 차일피일 미루었다. 거기다 아버님 어머님의 임종을 지키지 못한 불효까지, 도리를 저버린 행실은 이루 말할 수 없다. 기본이 없는 인간은 인간으로 볼 수 없다는데, 나를 두고 하는 말로 들린다. 구차한 변명은 더 이상 늘어놓고 싶지 않다. 이제는 자식 된 도리를 다하지 못한 죄는 물론 아비 노릇을 소홀히 한 잘못을 속죄할 시간이다. 진정한 참회만이 진 죗값을 다소나마 치르는 길이 아닐까 생각한다.

　적막강산에 외톨이가 된 것을 보면 수신제가를 잘못한 업보가 아닌가 싶은 죄책감에 몸 둘 바를 모르겠다. 사람 노릇을 어찌 했느냐고 묻는다면 입이 열 개라도 할 말이 없다. 2020. 11.

빨간 손지갑

 손지갑이 없어졌다. 친구들과 산행 후 찻집을 거쳐 버스를 타고 집에 온 것이 전부인데, 호주머니에 있어야 할 지갑이 감쪽같이 사라졌다. 핸드폰을 꺼낼 때 묻혀 나왔을까, 소매치기 당했을까, 아무리 생각해도 감이 잡히지 않았다. 우선 신용카드만 분실신고 했다. 다른 카드나 증명서는 재발급받기로 하고 몇 푼 안 되는 현금은 친구들과 술 한 잔 마신 셈 치기로 했다. 또 꼭 돌아올 거란 믿음도 잊지 않았다.

 이 지갑이 나와 인연을 맺은 지가 벌써 10년이 지났다. 장지갑이라 들고 다니기 불편하다고 했더니 작은딸이 자그마한 반지갑을 사주었다. 손안에 쏙 들어오는 사각 진 모양새가 앙증맞고 색깔도 빨개서 마음에 들었다. 소가죽이라 질기고 박음질도 촘촘하여 헐을 염려는 없어보였다. 쓰다 보니 손때가 타고 길이 잘 들어서 만지는 촉감이 비단결처럼 부드러워졌다.

 외출할 때는 손지갑을 먼저 챙긴다. 그런데 지갑이 보이지 않을 때가 있다. 어디에 있을까? 집안을 살피다 보면 엉뚱한 곳에서 천연스러운 낯빛을 짓고 있다. 그런가 하면 돈지갑을 집에 두고 나오는 바람에 되돌아오는 경우도 있다. 건망증을 탓해야지 어찌하겠는가. 아침 등산길에도 빈손으로 나올 때가 많다. 잠이 덜 깬 탓도 있지만 건망증도 거들었을 것이다. 하산하면 친구들과 식당이나 찻집을 들르는데 지갑이 없어서 난감할 때가 있다.

  오늘도 예나 다름없이 아침 등산을 했다. 하산 길에 단골 찻집에 들러 커피를 마시면서 혹시나 하는 마음으로 카운터 아가씨에게 물었다. 이렇게 저렇게 생긴 빨간 손지갑을 보았느냐고. 그 말이 떨어지기 무섭게 서랍에서 꺼내 보였다. 그 순간 나도 모르게 "찾았다" 하고 소리치면서 두 손으로 덥석 받아 쥐었다. 작별의 인사도 없이 헤어질 뻔했는데, 좋은 분을 만나 재회하게 되었으니 아름다운 인연이 고마웠다. 이곳에 있는 사유를 물었더니, 어느 손님이 가게 입구에서 주워 맡겼다고 했다. 왜 그곳에 떨어졌을까? 주머니가 답답해서 뛰쳐나왔을까? 아니면 세상 구경이나 하고 싶어서였을까? 아무리 생각을 되돌려 봐도 의문이 풀리지 않았다. 받아들고 보니 내용물에 손을 댄 흔적이 없고 지갑도 온전해서 마음이 놓였다. 약소하지만 고마운 마음을 담아서 계산대 아가씨에게 초콜릿 한 상자를 선물했다. 또 지갑을 주워 맡긴 손님의 양심에 감사의 마음을 한 아름 띄워 보냈다.

손지갑을 잃어버린 며칠 동안은 얼마나 마음을 졸였는지 모른다. 내 실수로 일면식도 없는 사람 수중에서 숨죽이고 지낸 것을 생각하면 마음이 아프다. 언제 또 이런 일이 벌어질지 모르니, 떨어지지 않으려면 허리춤에라도 차고 다녀야 할 것 같다. 그 안의 소지품은 대체사용도 무방하지만, 딸의 고운 마음이 서려 있는 지갑은 그럴 수가 없기 때문이다

나는 재래시장을 자주 이용한다. 생필품 가격이 저렴하고 오다가다 들르기도 편리해서 그런다. 하지만 백화점이나 대형마트와는 달리 가게마다 물건값을 지급해야 하므로 지갑이 쉴 새 없이 호주머니를 들랑거려야 한다. 짜증을 낼 법도 한데 싫은 내색은커녕 묵묵히 따라준다.

손지갑을 보고 있노라니 생각하고 싶지 않은 지난날이 떠오른다. 지금은 뜸하지만, 소매치기가 극성을 부린 때가 있었다. 그때는 기차나 버스, 시장, 길거리 등 때와 장소를 가리지 않고 활개를 쳤다. 그들은 돈지갑을 아무리 꼭꼭 숨겨도 귀신같이 찾아 털어갔다. 당하지 않은 사람이 없을 정도였다. 나도 그들의 마수를 피해갈 수 없었다. 전세살이를 전전하던 20대 후반에 전세금을 몽땅 들치기 당했다. 친구들의 도움으로 길거리 신세는 면했지만, 사회초년생이 치른 신고식치고는 가혹했다. 그뿐이 아니다. 북경 시내 모백화점에서 쇼핑을 하던 중에 안주머니 깊숙이

넣어둔 여비를 탈탈 털린 적도 있다. 양상군자의 배만 불린 달갑지 않은 여행길이 되고 만 것이다.

 빨간 손지갑과 나의 만남은 애틋한 사연이 담긴 딸이 준 선물이다. 바늘 따라 실 가듯이 인연이 다할 때까지 고락을 함께 하자구나. 2022.3.

기일을 잊다

 제삿날을 잊은 것도 모르고 태연하게 보냈다. 달력에도 적어 놓고 맏딸이 잘 챙기라는 전화도 있었는데 말이다. 무엇에게 홀리지 않고서야 이럴 수가 있을까. 건망증이 원망스럽다.

 많은 사람이 그러듯이 나도 달력을 생활필수품으로 활용하고 있다. 가족의 생일이나 제삿날, 필요한 행사는 물론 수시로 일어나는 일을 꼼꼼히 메모해 둔다. 중요하다고 생각되는 일정은 눈에 잘 보이도록 여러 번 꼭꼭 눌러 표시한다. 요즈음은 휴대폰이나 전자수첩을 많이 쓰지만 나는 그런 전자기기가 서툴다 보니 달력에만 의존한다.

 그런데 우연히 메모지를 뒤적이다가 아내의 기일이 지난 것을 알았다. 벽에 걸린 캘린더는 물론 탁상용 달력에도 청색 펜으로 또렷하게 표기해 두었는데, 정신을 놓고 사는지 까맣게 잊어버리고 지나갔다. 먹고살기 바쁜 것도 아니고, 달력이 나를 속일 리도 없는데 사별의 아픔을 그리 쉽게 잊어버리다니, 변명의 여지가 없는 불찰이었다. 15년 동안 한 번도 거른 적이 없기에 에덴동산에 잠들어있는 아내를 무슨 낯으로 봐야 할지, 면구스럽기 짝이 없다.

 다음날 죄스러운 마음으로 추모관을 찾아갔다. 화낼 줄 알았는데 웃음 띤 얼굴로 맞아준다. 이미 알았는지, 깜빡한 것은 잘못이 아니라면서 미안해할 것 없단다. 마음이 중요하지 제사상은 대수롭지 않으니 괘념치 마란다. 이해해주는 아내의 손길에 체증이 가시듯 마음이 풀린다. 앞으로는 이같이 어이없는 실수를 범하지 않겠다고 다짐했다. 하지만 세월이 쌓이면서 기억이 흐려지는 것은 어쩔 수 없으니 봐달라는 당부도 잊지 않았다.

 이곳에 영면해 있는 이들은 부부가 한방을 쓰기도 하지만 대부분이 독방을 쓴다. 혹시나 적적하지 않은지, 이웃 간에는 말이라도 트고 지내는지, 궁금해서 물었더니 사람 사는 세상이나 별반 다를 것이 없다고 한다. 한 가지 다른 점은 인간 세상은 아귀다툼으로 조용한 날이 없지만, 이곳은 근심·걱정이 없는 극락 세상이라고 한다.

 누구나 부부의 연을 맺으면 백년해로가 꿈인데, 안사람은 노후에 누려야 할 애틋한 정을 맛보기도 전에 유명을 달리하고 말았다. 아쉬움이 너무 큰 나머지 육신은 떠났지만 혼은 그대로 가슴 속에 남아서 오늘도 못다 한 사랑을 나누고 있다.

잊을 게 따로 있지 아내의 기일을 잊다니 유구무언이다. 이제 제삿날은 번거로운 상차림 대신에 이승과 저승을 넘나들면서 밤이 새도록 소곤소곤 속삭이면 어떨지 양해를 구해봐야겠다.
2022.4.

노파심

　노파심은 때로는 잔소리로 들리기도 하지만 아이들의 성장에 밑거름이 되기도 한다. 그 속에는 걱정과 염려, 사랑이 녹아 있다. 나도 그 말을 먹고 자랐다.

　고향을 방문할 때면 중풍으로 누워계신 어머님께서 내 걱정을 그리 많이 하셨다.
　"어떻게 지내느냐?. 밥은 잘 챙겨 먹느냐?. 객지에서 고생하지 말고 시골에서 농사짓고 살지 그러느냐?"고.
　그때 나는 고등학교를 갓 졸업하고 무작정 집을 뛰쳐나와 서울에서 유랑생활을 하고 있었다. 친척이나 친구 집을 전전하면서 끼니 걱정이며 진로문제로 앞이 보이지 않는 하루살이 인생을 살았다. 어머님의 목멘 소리는 거동이 불편한 자신의 신세타령은 물론, 자식의 뒷바라지를 해주지 못한 자책감을 토해내는 울부짖음이었다.

　그런가 하면 아랫마을로 시집간 큰 누님도 나를 끔찍이 생각했다. 집에서 시오리나 떨어진 중학교에 다닐 때였다. 줄잡아 왕복 두 시간쯤 걸리는 먼 거리를 걸어 다녔다. 누님댁은 하굣

길에 지치거나 시장하면 쉬어가는 중간정거장이었다. 풀이 죽어 들리면
"먼 길 오느라 힘들었지, 많이 먹어"
하면서 둥우리에서 방금 낳은 날계란이며 부침개, 강냉이튀김 같은 먹을거리를 있는 대로 꺼내주었다. 또 학비에 보태 쓰라고 용돈도 자주 주었다. 실은 허기진 배를 채우려고 찾을 때가 많았다. 그때는 춘궁기를 넘기기 힘든 시절이었으니까. 말년에는 몸져누워 거동이 불편했지만 볼 때마다 몸조심하고 잘 살라고 녹음기처럼 주문했었다. 배우지 못한 한을 풀기라도 하려는 듯이, 열심히 배워서 큰사람 되라고 용기와 힘을 실어준 어머니 같은 누님이었다.

형수님의 노파심은 지나칠 정도다. 이 가을이 가기 전에 문안드리려고 며칠 전에 시골에 내려갔다. 코로나 핑계로 차일피일 미루다 보니 시간이 많이 흘렀다. 형수님과 나는 친형제 자매보다 각별한 사이이다. 비좁은 집안에서 대가족이 부대끼며 살다 보니 허물없는 사이가 되었다. 지금도 염려를 내려놓지 못하는 것은 어렵게 살았던 그때의 잔상이 머릿속에 남아있기 때문일 것이다. 어머님, 큰 누님이 돌아가신 후에는 두 분의 역할까지 도맡아 하느라 80 넘은 형수님의 근심, 걱정이 부쩍 늘었다. 우리 집안의 남자들은 70세를 넘긴 사람이 없으니 서방님은 오래 살아야 한다면서 건강만 챙기라고 신신당부한다. 나는 그 마지

노선은 넘었지만 앞날을 장담할 수 없으니 어깨가 무거워진다.

　형수님은 요즈음 나를 볼 때면 죽도 못 먹은 사람처럼 삐쩍 마르고 주름살이 자글자글 하다면서 속상해한다. 제발 궁상떨지 말고 기름진 음식도 많이 먹고 좋은 화장품도 듬뿍 바르라고 염려 섞인 핀잔을 준다. 한술 더 떠서 성형수술이라도 한번 해보라고 부추긴다. 이럴 때면 너무 빨리 변해버린 내 모습에 나도 놀란다. 하지만 어찌하겠는가. 나이 들면 주름살이 먼저 알고 찾아오는 것을. 차라리 내쳐버릴 수 없다면 함께 살라는데, 적과 동침하는 길을 찾아봐야겠다.

　윗분들의 걱정과 사랑을 먹고 산 만큼 자녀의 양육에 열성을 다했는지 되돌아보았다. 막내아들이 중학교 시절에 친구들과 어울려 방황할 때 아들 편에서 감싸 안고 바른길로 선도했어야 했는데 그렇지 못했다. 이해심 없는 서툰 노파심만 강조하다보니 골이 더 깊어졌다. 부모 노릇은 아무나 하는 게 아니라는 것을 세월이 흐른 후에야 깨달았다.

　나이 들면서 노파심은 친구 간에 대화의 중심이 되었다. 화두는 단연 건강이다. '노파심에서 하는 말인데' 하면서 말을 꺼낸다. 백세시대이니 오래도록 버티고 살아야 한다면서 저마다 나름의 비법을 늘어놓는다. 병마와 싸워 이겨야겠다는 강박감 때문에 노파심은 더 가슴에 와 닿는다. 서로가 위안을 주고받는 속 깊은 말이 되었다.

 객지에서 고생하지 말고 시골에서 농사짓고 살라는 어머님의 걱정 어린 노파심이 지금도 생생하게 귓전에 맴돈다. 2022.10.

연심

그 친구를 한시도 잊은 적이 없다면 거짓말일 것이다. 그러나 그녀를 향한 그리움은 시간이 흘러도 가시지 않고 문득문득 떠올라서 가슴이 설레곤 했다.

집안 형편이 여의치 않아서 가까스로 중학교에 들어갔다. 우리 학년은 2개 반 120명이었다. 1반은 60명이 모두 남학생이고 2반은 남녀 학생이 반반이었다. 나는 공교롭게도 2반에 편성되어 졸업할 때까지 3년 내내 여학생들과 같은 교실에서 공부하고 뛰놀았다.

그런데 2학년 초쯤에 몸과 마음에 급격한 변화가 일어났다. 사춘기를 맞았는지 여학생이 친구이자 이성으로 보이기 시작했다. 거울을 보는 횟수가 늘고 옷매무시를 가다듬는 시간이 길어졌다. 여학생 앞에 서면 부끄럼을 타고 얼굴이 홍당무처럼 붉어지기도 했다. 사랑의 씨앗이 가슴속에 움트고 있었나 보다.

그즈음에 한 여학생이 눈에 띄었다. 다소곳하고 차분한 성품에 공부도 잘해서 그랬는지 그 친구에게만 마음이 쏠렸다. 미소 짓는 눈매는 내 마음에 적잖은 울림을 주었다. 체육 시간에 공놀이를 자주 했는데, 친구들이 던지는 오자미를 잽싸게 피하는 몸동작이 그리 날렵하게 보일 수가 없었다. 먼발치로라도 그녀의 모습을 한 번 더 보고 싶어서 하굣길에 교문 밖에서 서성거리기도 했다. 그녀는 관심도 없는데 나만 좋아하는 것은 아닐까? 생각하다가도, 아니야 나도 모범생이니까 그도 나를 훔쳐봤을 거야 하면서 상상의 날개를 펼쳐보기도 했다. 그때만 해도 남녀 학생이 책상을 따로 썼으며 말을 섞기가 쉽지 않다 보니 벙어리 냉가슴만 앓을 수밖에 없었다. 그렇게 성장통을 겪으면서 3년의 학창시절이 흘러갔다.

졸업과 동시에 우리는 각자 제 갈 길을 찾아 뿔뿔이 흩어졌다. 나는 전주에 있는 모 고등학교에 합격하여 시골에서 도시로 유학을 가야 했다. 급우들과의 우정도 그 여학생에 대한 연정도 가슴에 품은 채 타향살이를 했다. 학교 다니는 3년 내내 학비와 생활비를 벌면서 공부하느라 잠시의 짬도 마음의 여유도 없었다. 공부에만 매달리는 친구들을 보면 부러웠지만, 책가방 메고 생활전선을 누비다 보니 그들보다 세상 물정을 먼저 알지 않았나 싶은 생각에 위안을 삼기도 했다.

고등학교를 졸업하고 서울에 와서 대학을 나왔으며 직장을 잡고 어엿한 사회인이 되었다. 눈에서 멀어지면 마음도 멀어지고,

부산하게 살다 보면 잊혀 질 줄 알았는데 연연하는 마음은 시들 줄을 몰랐다. 꽃피는 봄이나 단풍잎이 맥없이 떨어지는 가을이면 그리움이 도져서 방황하기도 했다. 어느 여인의 뒷모습을 보고 그 여친으로 착각한 나머지 뒤를 쫓아간 적도 있다. 이따금씩 마음이 싱숭생숭할 때면 고향을 찾아서 백방으로 수소문 해보았지만 아는 이는 아무도 없었다.

그렇게 짝사랑으로 끝나는 줄 알았는데 지인으로부터 뜻밖의 낭보를 들었다. 변산반도에 있는 모 암자의 주지 스님으로 불도를 닦고 있다는 믿기지 않는 희소식이었다. 바람이 간절하면 이룰 거란 믿음이 결실을 맺은 순간이었다. 무엇보다 부처님의 가피가 없었다면 우리의 만남은 물거품이 되었을지도 모른다. 불가에서는 법명을 쓰는데 통용되지 않는 본명을 꺼내 들고 찾다 보니 장벽이 가로막은 것 같다.

보고 싶은 마음이 앞선 나머지 한걸음에 찾아갔지만, 문전에 다다르니 주마등처럼 스치는 오만 생각이 발걸음을 붙잡았다. 그 순간 어린 시절의 앳된 얼굴이 다시금 눈앞에 아른거렸다. 반세기 만에 만나는 비구니 친구에게 무슨 말을 어떻게 해야 할지, 두근거리는 가슴을 달래는 사이에 시간이 또 흘러갔다.

마냥 머뭇거릴 수만은 없어서 마음을 다잡고 절 문을 들어섰다. 널따란 마당을 끼고 있는 아담한 본당이 반갑게 맞아주었다. 불당에 묵례하고 주변을 둘러보는데 저만치 텃밭에서 쪼그리고 앉아 호미질하는 스님이 눈에 띄었다. 혹시나 하고 뒷모습을 보는 순간 느낌이 왔다. 빡빡 깎은 파르스름한 머리가 뉘엿뉘엿 지는 햇살에 반짝거렸다. 내 나이가 몇인데 얼굴이 이리 화끈거릴까? 뛰는 가슴을 움켜잡고 조심조심 다가가서 친구의 속명을 불렀다. 뒤돌아보는 스님의 얼굴은 학창시절의 모습 그대로였다. 갸름했던 얼굴엔 나이 들어 주름이 살짝 서렸지만, 훤칠한 키에 단아한 모습은 변하지 않았다. 친구도 나를 알아보았는지 놀란 표정에 할 말을 잊은 듯 입가에 엷은 미소를 지었다. 잠시 침묵이 흐른 후에 여승은 묻지도 않았는데 중이 되었다고 털어놓았다. 선친의 권유로 출가하여 불경을 공부하고 부처님의 품 안에서 수도 정진하고 있다는 것이다. 승려의 기품이 온몸에서 뿜어 나왔다. 스님은 나를 선방으로 안내했다. 그리 넓지 않은 방은 주인을 닮아서 아늑하고 고풍스러웠다. 해묵은 원목 다과상을 마주 보고 앉아서 차를 들었다. 손수 우린 녹차에 우정까지 녹아들어서 맛이 깊고 진했다.

여승의 온기가 숨 쉬는 승방에서 손때 묻은 찻잔을 드는 사이에 마음이 가라앉고 닫혔던 말문이 열리기 시작했다. 이제껏 살아온 인생살이며 여기까지 오는데 걸린 멀고도 긴 여정, 가슴에 담아두고 말 못 했던 사연을 모두 털어놓고 함께 웃었다. 이러는 사이에 우리는 이미 철부지 시절로 돌아가서 교정이 좁다 하고 마냥 뛰놀았다.

그런데 무슨 생각이 떠올랐는지 얘기 중에 모교에 가본 적이 있느냐고 대뜸 묻는다. 핑계 댈 거리가 없어서 머뭇거렸더니 자기는 지척에 사는데도 방문한 적이 없다면서 '무심한 마음은 닮은 것 같네요' 하는 것이 아닌가. 반웃음을 지었지만, 감정이 입이라고나 할까 미묘한 느낌이 들었다. 허물없이 속마음을 털어놓고 얘기를 나누다 보니 온갖 상념이 사르르 녹아내렸다. 설레는 가슴, 뛰는 심장도 시간이 흐르면서 서서히 제 자리를 잡아갔다. 그녀는 수행의 길을, 나는 속세의 길을 걷기에 둘 사이에 건널 수 없는 강이 있음을 확인했다. 헤어지기 서운해서 차 한 잔 더 청해 마시는데 추녀 끝의 청아한 풍경소리가 선방에 은은하게 내려앉았다.

그렇게 마음을 다 비운 줄 알았는데 끝내 연심은 버리지 못한 채 절 문을 나왔다. 2019. 10.

03
망우산 타령

체면불구
건강 다지기
산딸기 술 빚기
길
변신
걷기 위해 산다
구인광고
유택
망우산의 사계
쌍방 힘겨루기
딸기원에 둥지를 틀다
노인의 자리
싸구려 먹거리
카네이션 한 송이

체면불구

나는 아침 등산을 즐긴다. 자연스러운 일상생활이 된 지 오래 되었다. 아침 산행을 서두르다보면 어느 때는 등산길에 급한 대소변으로 실례하는 경우도 있다.

오늘도 여느 때나 다름없이 산행길에 나섰다. 집에서 나온 지 얼마 안 되는데 배가 살살 아프기 시작했다. 대수롭지 않게 생각하고 가는 길을 재촉했다. 그런데 점점 뱃속이 부글거리고 부대껴서 참을 수가 없었다. 불난 집 며느리 싸대듯 허둥대다가 이내 산으로 뛰었다. 가까스로 덤불숲 언저리에 다다랐을 때는 묽은 변이 팬티에 얼룩무늬를 그린 후였다. 허둥대다 보니 혁대도 잘 안 풀리고 겹겹이 껴입은 옷은 왜 그리 벗기가 힘든지, 손과 마음이 따로 놀았다.

휴지가 모자라서 손수건으로 밑을 닦고 속옷과 수건은 덤불 속에 버렸다. 서둘러 주섬주섬 옷을 입고 일어서는데 다리가 후들거리고 식은땀이 났다. 낯 뜨거워서 가슴이 콩닥거렸지만 아무 일도 없었던 것처럼 태연한 척했다. 아무도 없었으니 망정이지 개망신을 당할 뻔했다.

몇 년 전에도 비슷한 일을 겪은 적이 있다. 그날도 아침 일찍 산에 오르는데 갑자기 배가 뒤틀려서 견딜 수가 없었다. 어떻게 할까 우왕좌왕하는데 마침 50여 미터 전방에 간이화장실이 눈에 띄었다. 몸을 비꼬면서 가까스로 화장실에 이르렀다. 그런데 그 순간을 참지 못하고 배설물이 삐져나와 팬티는 물론 내복까지 보기 민망할 정도로 지도를 그려놓았다. 그래도 화장실이라 마음 놓고 뒤처리를 할 수 있어서 다행이었다. 팬티와 내복을 휴지통에 버리고 홑옷 차림으로 등산을 했다. 동행하는 친구에게 말하기도 어설 없고 그렇다고 나만 되돌아올 수도 없었다. 추위라면 질색을 하는데, 칼바람에 아랫도리가 시려서 동상이라도 걸릴까 봐 조마조마 했다.

화장실이 없는 곳에서 대변을 처리하려면 난감할 때가 있다. 화장지가 없어서 가랑잎이나 풀잎으로 밑을 닦기도 하고 흐르는 물로 뒤처리를 하는가 하면 이것도 저것도 없을 때는 손수건을 쓰기도 한다. 여름에는 모기, 날벌레들이 달려들어 귀찮기도 하지만 통풍이 잘되어 시원하고 구린내도 나지 않아서 일이 끝나면 개운한 맛이 들기도 한다.

소변을 보는 경우는 흔하다. 특히 남자들은 남들이 보든 말든 아무 데나 누는 경향이 있다. 친구 중의 한 사람은 소변을 자주 본다. 가끔 산행 중에 실례하다보면 행인들과 맞닥뜨리는 경우

가 있는데, 오히려 상대방이 겸연쩍어서 어쩔 줄을 모른다. 그 친구는
"화장실도 없고 급한데, 체면이 밥 먹여주나?"
하면서 대수롭지 않게 넘겨버린다. 마음은 여린데 배짱 하나는 두둑한 편이다.

   공중화장실이 미비한 시절에는 사람들의 눈을 피해서 결례를 하는 경우가 많았다. 단체여행을 많이 다니는 관광 철이면 으레 길가에 차를 세우고 우르르 몰려나가서 여기저기에 볼일을 보곤 했다. 관광버스 안에서 춤과 노래 속에 술판을 벌이다 보면 화장실을 끼고 살 수밖에 없었다. 또 흥에 겨워서 마음이 들뜨면 남의 눈을 의식하지도 않았다. 누는 곳이 화장실이요 보는 곳이 뒷간이었다. 눈살이 찌푸려지지만 웃음이 절로 나오는 여행길이었다. 그때의 리얼한 모습을 회상하면 가슴이 풋풋하게 적셔온다.

   먹으면 배설하는 것은 자연현상이다. 하지만 인간은 일반짐승과 달리 체면이란 굴레를 매고 산다. 앞으로도 그런 상황이 재발 한다면 채면불구하고 결례를 저지를 것 같다. 생리작용은 체면을 따질 겨를이 없으니까. 2019.12.

건강 다지기

　요즈음은 산행하는 발걸음이 묵직하게 다가온다. 노상 다니는 나지막한 산인데도 쌓인 세월이 짐이 되는지 하루가 다르게 숨이 찬다. 거기다 감정까지 무디어진 느낌이다. 초봄에 피는 꽃에 마음을 빼앗기고, 을씨년스런 늦가을 가랑잎 소리에 수심이 깊어졌는데, 지금은 남의 일 보듯이 건성건성 보아 넘긴다.

　무엇이 나를 그리 만들었을까? 마음이 변한 것도 있지만 세월 탓을 아니 할 수 없다. 흐르는 시간이 무슨 잘못이냐고 따지고 들면 할 말은 없으나 세월은 우리에게 병 주고 약 주는 천의 얼굴을 가진 요물인지라 그런 의심을 받아도 싸다 할 것이다.

　세월의 농간은 그뿐이 아니다. 검은 머리를 파 뿌리로 바꿔놓고 탱탱한 얼굴을 쭈그렁 방탱이로 만들어 놓는다. 세월의 심술은 침실까지 파고들어 잠 좀 잘라치면 깨워 대서 밤이 무섭다는 노령 층이 늘고 있다. 잠이 보약이라는데, 노인들에게는 빛 좋은 개살구나 다름없다. 나만은 비껴갈 줄 알았는데 세월은 용케도 알고 피해갈 생각일랑 꿈도 꾸지 마란다. 하기야 복숭아를 훔쳐 먹고 장수하였다는 삼천갑자 동방삭이도, 선경에나 있다는 불로초를 구하려고 동분서주했던 진시황도 모두 가지 않았는가.

  며칠 전에는 길을 걷는데 느닷없이 머리가 핑 돌아서 가던 길을 멈추고 가로수에 기댄 채 진정될 때까지 한참을 서 있었다. 처음 당하는 일이라서 혼란스러웠지만 대수롭지 않게 생각했다. 그런데 오늘 또 재발했다. 무슨 병인지는 몰라도 예감이 불길했다. 만사 제쳐놓고 그길로 병원을 찾았다. 추적추적 내리는 비를 맞고 맥없이 걸으면서 기도했다. 몹쓸 병이 아니기를.

  의사의 권유로 MRI를 찍었다. 난생처음 촬영했는데 기기 소리가 하도 요란하여 귀청이 떨어지는 줄 알았다. 검사결과 뇌에는 아무런 이상이 없다면서 귀에 장애가 발생하면 어지럼증이 생길 수도 있다고 했다. 수가에 비하면 의사의 소견이 너무 초라했지만 그래도 괜찮다니 안심이 되었다. 하긴 알 수 없는 병으로 시달리거나 죽는 사람이 한둘인가. 현대 의술로도 고칠 수 없는 질병을 의사의 손을 붙들고 애원한들 뾰족한 수가 있겠는가. 이제 약으로 다스리지 못하는 병은 맞싸우기보다는 어르고 달래면서 동무 삼아 살아야겠다.

  얼마 전에는 눈이 뻑뻑하여 안과병원을 찾았더니 안구건조증이라면서 인공눈물 약을 처방해 주었다. 큰 병은 아니지만, 만

성질환이라고 하니 지병이 하나 더 추가된 셈이다. 작년 여름에 책을 내면서 눈을 마구 부려먹었더니 심통이 난 모양이다. 이제 더 이상 달갑지 않은 병이 불쑥 얼굴을 내밀지 않았으면 좋겠다.

  산행길에 면목역 공원을 가끔 들른다. 지하철역이라 사람들이 붐비는 곳이다. 잘 꾸며진 도심 속의 휴식공간이어서 잠시 쉬어가도 좋은 광장이다. 그런데 일부 몰지각한 사람들이 행인들의 눈살을 찌푸리게 한다. 아침부터 술독에 빠져서 몸을 가누지 못하거나 고래고래 소리를 지르는가 하면, 큰대자로 누워서 코를 골기도 하고, 말다툼에 욕설까지 아수라장이 따로 없다. 연유야 어떻든 말 못 할 고민을 토하는 몸부림이 아닌가 싶지만, 건강을 잃으면 금은보화도 소용없다니 이 세상에 하나뿐인 소중한 몸을 스스로 망가뜨리지 않았으면 좋겠다.

  건강은 누구나 바라는 염원이다. 사람들은 그 꿈을 이루기 위해서 각자도생을 한다. 어떤 이는 보양식에 매달리는가 하면 운동이나 여행, 취미생활을 통해서 건강을 챙기는 사람도 있다. 나는 오래전부터 등산을 즐기면서 체력과 정신을 단련해왔다. 자연을 벗 삼아 거친 숨을 몰아쉬면서 산행을 하다 보면 흘린 땀만큼 몸과 마음이 단단해지는 것을 느낄 수 있다. 하지만 힘에 부칠 나이인지라 내일은 장담할 수 없으나 의지가 살아있으니 해낼 것으로 믿는다.

 건강을 다지는 비결이 무엇이냐고 묻는다면 다른 것은 몰라도 경험칙에 비추어 볼 때 이것만은 말할 수 있다. 보약 한재 먹는 것보다 한 시간 걷는 것이 낫다는 것을. 2020.5.

산딸기 술 빚기

언제부터인가 과일주를 담그기 시작했다. 그중에도 산딸기 술을 즐겨 담았다. 추운 겨울을 이겨내고 따스한 봄기운을 받아 빨갛게 익은 산딸기는 새콤달콤한 맛이 일품이다. 초여름 한철 과일인데 하우스 재배가 늘다 보니 제철이란 말이 무색해졌다.

6월 중순이면 산야에 산딸기가 수줍은 듯 얼굴을 내민다. 새빨갛고 오돌토돌한 것이 보는 이의 시선을 사로잡는다. 사람들은 보자마자 구미가 당겨서 따먹지 않고는 못 배긴다. 그런데 줄기에 잔가시가 많아서 널름 따다가는 찔리기 십상이다. 또 알이 너무 작아서 약간 따 먹어도 양에 차지 않는다.

작년에도 용마산 기슭의 양지바른 언덕에는 산딸기가 탐스럽게 열렸으며 오가는 사람들이 즐겨 따먹었다. 나도 그들과 같이 한입 가득 물고 우물거리면서 시큼 달큼한 맛에 빠져들었다. 그런데 올해는 날씨 탓인지, 해거리하는지 예년에 비해서 열매가 부실하게 열렸다. 마음에 들지 않아서 토실한 알만 골라 땄는데 잔챙이도 끼어들었다. 집에 오자마자 쌀에서 뉘 고르듯이 이물질을 골라내고 정성껏 손질해서 술을 담갔다. 쨈을 만들까 생각도 해보았지만, 이따금씩 찾아오는 허전함을 달래기에는 과실주만 한 친구가 없어서 그리했다.

얼른 보면 산딸기와 유사한 뱀딸기가 있다. 크기나 모양, 색깔은 물론 여는 시기도 비슷하여 구별하기가 쉽지 않다. 그런데 차이가 있다. 산딸기는 키가 작은 나무이며 줄기나 잎 뒷면에는 가시가 있고 가지 끝에 흰 꽃이 핀다. 주로 식용으로 쓰지만, 약제로 사용하기도 한다. 반면에 뱀딸기는 다년생 풀이다. 땅 위를 기어가듯이 길게 뻗은 덩굴에 노란 꽃이 피고, 빨간 열매는 먹을 수 있지만 맛이 밍밍할 뿐더러 뱀이 주는 혐오감 때문에 기피하는 경향이 있다. 해독작용, 기관지 질환에 효능이 있다고 알려져 있다. 어릴 적에 산딸기는 사람이 따먹고 뱀딸기는 뱀이 먹는 줄 알았다. 그런데 옛날 옛적에 뱀 한 마리가 다쳐서 신음할 때 동료 뱀이 딸기 풀을 발라주니 금세 나았다고 해서 이름을 뱀딸기라 지었다고 한다.

시골살이하던 시절의 추억이 새록새록 떠오른다. 산길, 들길을 따라 시오리나 떨어진 중학교에 다닐 때였다. 왕복 두 시간이나 걸리는 머나먼 길이다보니 하절기에는 더위로, 동절기에는 추위 때문에 고생길이나 다름없었다. 춘궁기를 겪던 시절이라 배가 고파서 더 그랬다. 하굣길에 야산에서 산딸기를 보면 구세주를 만난 듯이 기뻤다. 친구들과 어울려서 실컷 따먹고 나머지는 호주머니에 담아 집에 와서 동생들과 먹곤 했다. 얼굴, 손, 주머니에 검붉은 물이 들어 우스꽝스러워도 배가 든든하니 마냥 즐거웠다. 산딸기를 따 먹는 동안은 배부른 통학 길이 되었다. 그뿐이 아니었다. 철 따라 산이나 들에서 나는 머루, 오디, 다래, 개 복숭아 같은 온갖 요깃거리는 익기가 무섭게 보이는 족족 따 먹었다.

 지난날을 회상하면서 저녁 밥상에 반주로 산딸기 술을 곁들이면 그윽한 향과 맛이 가슴을 촉촉이 적신다. 과일주 한잔은 고독을 씹는 외톨이의 넋두리로 비칠지 모르지만 내 손수 빚은 담금주의 깊은 풍미에 취하면 외로움은 금세 사라지고 가사 없는 콧노래가 흥을 돋운다. 이때는 벌거벗은 나를 만나는 시간이다.

 내년에도 그곳에는 빨간 산딸기가 익어갈 것이며 나는 그 열매를 따다가 술을 담그고 반주상을 차릴 것이다. 우리의 만남이 언젠가는 끝나겠지. 그때까지 변함없이 연례행사가 치러지기 바란다. 2020.7.

길

오늘도 길 하나가 더 생겼다. 얼마 전부터 한두 사람이 다니기 시작하더니 새 길이 들어섰다. 멀쩡한 길을 놔두고 초목들이 싫어하는 길을 따로 내는 속내를 알 수 없다. 편하자고 뚫어놓고 산림이 훼손되는 것은 나 몰라라 한다. 그리 크지 않은 망우산에 이렇게 난 길이 셀 수 없이 많다. 이러다간 온 산이 길천지가 되어서 숲이 터전을 잃을까 봐 걱정이다.

그런가 하면 다니는 길을 막고 새 길을 설치한 곳도 많다. 숲길은 지형에 따라 물흐르듯이 자연스러워야 하는데 인공구조물이 그 흐름을 방해하여 통행에 불편을 주기도 한다. 골짜기에 시멘트 다리를 놓거나 자로 잰 듯이 반듯하게 깎아지른 산길을 보면 걷기 수월할지는 몰라도 친환경과는 거리가 멀어 보인다. 거기에다 둘레길, 데크길, 계단 같은 시설물까지 많이도 만들어 놓았다.

그뿐이 아니다. 묘지까지 길을 만들어 함부로 밟고 다닌다. 바로 옆에 길이 있는데도 한발 빨리 가자고 지름길을 만들어 놓았다. 망자에 대한 예의도 나 몰라라 한다. 숲속을 다니는 길짐승이나 하늘을 나는 날짐승은 길이 따로 없지만, 사람은 다녀야 할 길이 있다.

또 제멋대로 뚫린 샛길을 따라가면 자연을 훼손한 흔적은 물론 사람들의 눈을 피해서 양심과 함께 버린 오물이 지천으로 널려있다. 분별없는 인간 등쌀에 온갖 생명체들이 그들의 삶터마저 잃을까봐 전전긍긍하고 있다. 자연과 인간이 조화롭게 사는 길은 없을까? 그 열쇠는 사람의 손에 달려있다는 사실을 알면서도 애써 외면하려 한다. 자연의 신음소리를 겸허히 귀담아들었으면 좋겠다.

사람들은 새길을 내고 싶은 욕구가 끊임없이 분출하는 것 같다. 공중을 나는 하늘 길, 바다를 누비는 뱃길, 두더지처럼 뚫어대는 지하도, 지구도 모자라서 외계를 넘나드는 우주 길까지, 그 끝은 가늠하기조차 힘들 정도이다. 하지만 빗나간 예측이나 개발이란 명분으로 길을 마구 내다보니 짐이 되는 경우도 종종 볼 수 있다. 돈 먹는 애물단지로 전락한 일부 지방의 비행장이나 경전철을 보면, 있어서는 안 될 곳에 길을 만들었기 때문이다.

그런가 하면 길이 많이 날수록 좋은 곳이 있다. 거미줄처럼 얽힌 도회지의 길은 자연과는 거리가 멀지만 다양한 이점이 사람들의 호기심을 자극한다. 넓고 쭉 뻗은 도로를 보노라면 가슴이 뻥 뚫린 듯 시원한 느낌마저 든다. 무미건조한 콘크리트 숲에 쌓여 숨이 막힐 법도 한데 싫은 내색은커녕 자랑을 늘어놓기 바쁘다. 땅을 밟으면 큰일 날 새라 아스팔트로 도배를 했는데도 더 씌울 데를 찾느라 야단이다. 즐비한 마천루들이 누가 더 큰지 키 재기를 한다. 그중에도 사통팔달의 교통요지는 노른자위라고 부러움을 사기도 한다. 그런데 도시는 화려한 겉모습과는 달리 재물을 탐내는 자들의 투전판 같다는 생각을 떨쳐버릴 수가 없다.

인생길도 복잡다단하기는 마찬가지이다. 꽃길만 걷는 복 받은 사람이 있는가 하면, 가시밭길을 헤매는 박복한 인간도 많다. 또 운명에 맡기지 않고 새로운 길을 개척하는 모험적인 사람이 있는가 하면, 이웃이 장에 가니 덩달아 따라나서는 속없는 인간도 있다.

그렇다면 내 인생길은 어떤가? 전반기에는 야심 찬 꿈을 펼치려고 겁 없이 내달렸지만, 후반기는 안개속이라 두려움이 앞선다. 하지만 세월의 돛배에 몸을 싣고 바람 부는 대로 흘러갈 수는 없지 않은가?

앞길이 순탄하지 않을지라도 내 이름 석 자 새겨진 소품 하나 남길만한 길이면 좋겠다. 2021.6.

변신

곰곰이 되씹어보았다. 나의 변신이 남성의 금기사항을 깬 것인지, 생존을 위한 몸부림인지. 변한다는 것은 환경에 적응하는 수단이라고 볼 때 살아남기 위한 궁여지책이라고 봐야 할 것이다.

오늘도 변함없이 아침 산행길에 나섰다. 친구들과 약속 시간에 늦지 않으려고 평소와 다른 지름길을 택했다. 그런데 얼마쯤 오르다 보니 공사 중이라는 팻말이 가는 길을 막아섰다. 할 수 없이 옆으로 돌아갔다.

운 좋은 날인지 그 후미진 산모퉁이에서 알토란같은 열매가 주렁주렁 열려있는 덩치 큰 살구나무를 만났다. 굵직하고 잘 익은 주황빛 살구가 먹음직스럽게 생겼다. 사람들의 왕래가 잦았으면 익기도 전에 씨가 말랐을 것이다. 주인 없는 물건은 먼저 보는 사람이 임자라는데 마음에 걸렸지만 눈 딱 감고 마구 땄다. 예전 같으면 그냥 스쳐 지나갔을 텐데 친구까지 불러들여서 살구를 따느라 한바탕 수선을 떨었다. 장대로 두드리고 흔들어대서 상처가 나고 흙 범벅이 되었지만 한 알도 버리지 않고 모두 주워 담았다. 어림잡아 대여섯 근은 되어 보였다.

 집에 오기 바쁘게 깨끗이 씻고 물기를 뺀 다음에 씨를 발라냈다. 으깨지고 지저분해도 주전부리를 만들 욕심에 흠집은 대수롭지 않아 보였다. 한참을 끓여도 시큼한 맛이 강해서 단맛이 날 때까지 설탕을 들이부었다. 가스 불을 조절하고 잘 저어야 했는데 서툴렀는지 건더기가 까맣게 타서 냄비 바닥에 달라붙었다. 그 숯 검 댕 이를 닦느라 애도 먹었지만, 쇠꼬챙이로 긁다 보니 상처투성이가 되었다. 이렇게 끓여 만든 살구 잼이 두 병 반이나 되었다. 한 병은 자랑도 할 겸 지인에게 선물했다.

 수년 전부터 한해도 거르지 않고 6월에는 매실엑기스를, 8월에는 포도주를 담근다. 산딸기, 산수유도 설탕에 재거나 술을 담그고 잼을 만든다. 이렇게 해마다 군입거리를 담그다보니 용기도 늘어서 비좁은 집안의 공간을 그것들이 차지하고 있다. 이젠 베란다 한구석에 쟁여놓아야 할 것 같다.

 이런 먹을거리 장만은 얼마 전까지도 남자가 할 짓이 아니라면서 외면했는데 언젠가부터 내 손수 만들기 시작했다. 아마도 부인의 급작스러운 죽음이 몰고 온 대전환이라 짐작한다. 그런 비운의 계기가 없었다면 지금도 고리타분한 사고방식에서 벗어나지 못했을 것이다.

20여 년 전인대도 어제 일인 양 생생하게 떠오른다. 어느 해 6월 말쯤 아내와 풀숲이 우거진 망우산 오솔길을 산책했다. 그때 산기슭에 빨갛게 익은 산딸기가 주렁주렁 열려있는 것을 보고 부인이 말했다. 딸기나 따다가 잼을 만들어 먹자고. 그 말에 대꾸도 하지 않고 내려왔다. 딸기를 따들고 온 안사람은 상을 찌푸리면서 무슨 사람이 그 모양이냐고 화를 냈다. 그제 서야 너무했다 싶어서 하는 일을 거들어 주었지만, 마음에 들어서 한 것은 아니었다. 무심하기 짝이 없는 남편이었다.

그런데 웬일일까? 지금은 부인의 빈자리를 꿰차고 앉아서 아내가 하던 일을 흉내 내고 있다. 처음에는 어색하고 서툴렀으나 시행착오를 겪으면서 어깨너머로 배우고 귀동냥을 하다 보니 솜씨가 많이 늘었다. 일거리도 많아 졌다. 장보고 밥 짓고 설거지하는 일은 물론 청소, 빨래, 잡일까지 집안 살림을 도맡아 하고 있다. 갑자기 들이닥친 가정사의 일대 변환이 나를 정신개조 시킨 것 같다.

변한다는 것은 적응한다는 말과 맥을 같이 한다고 볼 수 있다. 환경이 바뀌면 따르는 것이 현명할 뿐더러 살기 위한 수단이 아닐까 생각한다. 봄에 새싹이 돋고 가을에 낙엽이 지는 것도 기후변화에 순응하는 식물들의 생존 수법이 아니겠는가. 여름에 덧옷을 입고 겨울에 외투를 벗는다면 계절 변화를 거스르는 일로 살아남기 힘들 것이다.

　카프카 소설처럼 자고 나면 벌레가 되는 그런 변신은 아니지만 이렇게 변한 나 자신을 보면 신기할 때가 있다. 사람은 갑자기 변하면 죽는다고 하는데 여태껏 아무 탈 없이 살아온 것을 보면 하느님이 나만은 예외로 눈감아준 것 같다. 2021.10.

걷기 위해 산다

아기는 태어날 때 '응애'하고 운다. 그렇다면 발동작은 언제부터 할까? 수수께끼 같은 질문이지만 태아기부터 시작하므로 울음소리보다 앞선다고 봐야 할 것이다. 무엇보다 네발짐승과는 달리 직립보행하는 인간이 자유롭게 걸을 수 있는 것은 태어나기 전부터 걷기연습을 했기 때문이 아닐까, 추측해본다. 몸의 건강을 챙길 할 뿐만 아니라 움직이는 일까지 자청하는 발은 하느님이 준 특별한 선물이라 할 수 있다.

둘레 길을 걷다 보면 장애인을 심심치 않게 만난다. 힘겨워서 가다 서다를 반복하는 사람이 있는가 하면, 지팡이를 붙들고 어렵게 한발 한발 떼는 사람도 있다. 그런가 하면 누군가의 부축을 받아 한 몸이 되어서 네발로 걷는 이도 있다. 걸음을 멈추면 삶을 부지할 수 없기에 안간힘을 쏟는다. 걷기 위해서 몸부림치는 처연한 모습이 눈물겹다. 그들을 보노라면 버젓한 두 발이 얼마나 고마운지 모른다.

걷는다는 것은 거동이 불편하지 않으면 그리 어려운 동작은 아니라고 본다. 말을 못 해도, 눈이 안 보여도, 귀가 안 들려도 걸을 수 있다. 특별한 기술이나 교육이 필요한 것도 아니다. 반복적인 동작을 통해서 얻는 자연스러운 현상이라 할 수 있다. 하지만 걷기는 건강이 담보되어야 한다. 사람들은 걸음의 효능을 알고 있다. 그래서 걸을 수 있는 곳이면 어디서나 걷고 뛰는 것을 볼 수 있다. 나도 그들 틈에 끼어 건강을 다지면서 발걸음에 힘을 실어 본다.

나는 몸집이 왜소한 데다 마른 편이다. 얼굴에 핏기마저 없으니 어디 아프냐고 묻는 사람도 있다. 누구나 신체에 약점이 있기 마련이지만 아킬레스건을 건드리는 것 같아서 속이 상할 때도 많다. 오래전부터 이런 단점을 보강하기 위해서 체력을 단련시켜야겠다고 마음먹었다. 작은 고추가 맵다는 속담이 떠올랐다. 단신이지만 단단하게 만들고 싶었다. 평생을 해도 부담 없고 질리지 않는 운동을 찾기가 쉽지 않았지만, 특별한 취미나 재능이 없는 나로서는 '걷기운동' 외에는 다른 선택의 여지가 없었다. 그로부터 걸음 질이 내 생활의 중심이 되었다.

걷기운동에 맛 들이다 보니 두 발이 감당할 수 없을 정도로 무던히도 부려먹었다. 때로는 숲길을 가다가 가시에 찔려 피를 흘리기도 하고, 발가락이 부르튼 채 장시간 산길을 걷기도 했다. 그런가 하면 발목이 삐어서 친구들의 도움을 받아 하산한 적도 있다. 발바닥에 굳은살이 박이고 물집이 생겨도 아픈 내색은커녕 묵묵히 따라준 덕분에 크고 작은 산을 셀 수 없이 오르내렸다. 비록 발자국은 어디에도 남아있지 않지만 산의 정기는 내 몸에 스며들어 건강을 다지는데 밑거름이 되었다.

혹자는 발을 그렇게 혹사시켜도 되느냐고 묻는다. 그런 때는 동문서답을 한다. 놀고먹게 놓아두지도 않겠지만 싫다면 부려먹을 생각도 없다고. 그러지만 내 건강을 위해서 헌신봉사 하는데 나 몰라라 하겠는가. 힘든 만큼 쉬게 하고 발 마사지나 족욕으로 피로를 풀어주면서 나름대로 정성을 쏟는다. 앞으로는 달리는 토끼보다 느린 거북이가 되어 발의 부담을 덜어줄 생각이다.

오랜 세월 습관처럼 걷다 보니 이제는 걷지 않으면 좀이 쑤실 정도로 중독에 빠진 것 같다. 중독하면 낫기 힘든 질병이 떠오르는데 내 몸에 이상이 없는 것을 보면 병은 아닌 것 같다. 오히려 중독성이 시들까 봐 걱정이다. 내 몸은 본디 강한 체질이 아니기에 걷기운동을 게을리 했다면 거동이 불편했을지 누가 알겠는가.

발은 내게 건강이란 고귀한 선물을 안겨주었다. 지금까지는 살려고 걸었다면 여생은 발의 고마움을 가슴에 새기면서 걷기 위해 살아야겠다. 나에게 걸음은 건강이요 생명이니까.

2020. 10.

구인광고

　왜 가는 길을 막느냐? 위험해서 그럽니다. 방한복으로 무장한 여성이 행인들의 길을 안내하면서 그들과 주고받는 입씨름이다. 안내에 잘 따르는 사람이 대부분이지만 조곤조곤 따지거나 고래고래 소리를 지르는 이들도 있다. 어떤 경우에도 행인들의 안전을 위해서 설득을 포기하지 않는 직업정신에 나도 모르게 머리가 숙어졌다.

　이 같은 소란은 길을 가로막고 벌인 공사 때문이다. 무슨 일을 하는지는 알 수 없지만 한 달 전부터 망우산 둘레 길에서 대형 공사를 하고 있다. 각종 자재가 길거리에 널브러져 있고, 인부와 장비가 뒤엉켜서 위험한 작업을 하고 있다. 굴착기가 굉음을 내면서 쉴 새 없이 땅을 파헤치는가 하면, 흙더미를 가득 실은 덤프트럭이 곡예 하듯이 좁은 길을 드나든다. 앞으로도 달포는 더해야 한다니 시비는 끊이지 않을 것 같다.

　흔히 말하는 3D업종에 50대 중반의 여성이 일꾼들 틈에 끼어서 힘든 작업을 하고 있다. 공사장에서 잔뼈가 굵은 대장부도 하기 어려운 일인데, 거침없이 밀어붙이는 당찬 기질이 돋보인다. 거기다 통행인의 길 안내까지 도맡아 한다. 위험하니 통행을 제한한다는 팻말도 설치해 놓았지만, 입산객이 바라보는 눈은 제각각이다. 대부분의 행인은 불편해도 불평하지 않고 공중질서를 지키는 편이다. 하지만 한 번만 가자고 물고 늘어지는 사람이 있는가 하면 큰소리치거나 통행의 자유를 막는다고 덮어놓고 시비를 거는 사람도 있다. 질서를 지키는 대다수의 사람은 보이지 않고 떼쓰고 억지 부리는 소수만 눈에 띈다. 그런데 아무리 억지를 부려도 휘둘리지 않고 의연하게 대처한다. 유연하면서도 다부진 일솜씨에서 억척녀의 근성을 보았다. 직업에는 성차별이 없다지만 그래도 여성이 감당하기는 버거워 보인다.

건설장비가 드나드는 위험한 공사판에서 막노동하는 주부에게 수고한다는 인사말을 건넨 것이 계기가 되어 말을 나누었다. 그런데 하루는 아침 인사 끝에 풀죽은 표정으로, 서울시에서 쓰레기단속원을 채용한다는 광고를 보고 응시원서를 접수했다고 한다. 보수가 적어도 좋으니 안정된 직장을 다니는 것이 꿈이라면서, 시험에 꼭 합격하고 싶다고 간절한 마음을 털어놓는다. 필기시험 없이 면접만 치르는데, 무슨 수가 있느냐고 묻는다. 날품팔이에 얼마나 힘들고 넌더리가 났으면 그럴까. 그 순간 삶에 지쳐 늘어진 아주머니의 어깨를 다시 쳐다보았다. 담력 있는 억척 주부인 줄 알았는데 기죽은 표정에서 여린 여성의 진면을 보는 듯했다.

　그녀가 시험 걱정에 풀이 죽어있는 모습을 보고 나도 옛 시절에 수험공부 하느라 머리가 아팠던 기억이 떠올랐다. 시험이라면 두려움이 앞서는데 무슨 말을 해야 도움이 될까 잠시 머뭇거리다가 두루뭉술하게 경험담을 늘어놓았다. 면접시험은 필기시험과 달리 수험생의 인품이나 언행을 보는 주관적인 평가이기 때문에 심사원의 마음을 사는 답을 찾기가 쉽지 않다. 공부에 왕도가 없듯이 면접시험에도 지름길이 없다. 야무진 포부를 밝히되 의제에 가까울수록 좋다. 면접관이 공감할 수 있는 나름의 수완이 필요하다. 또 현장에서 단속업무를 하다 보면 주민들과 부딪히는 경우가 종종 있는데, 그들과 마찰을 피하는 요령 또한 일만 밀어붙이는 일쟁이 못지않게 중요하다. 아무리 열과 성을 다해도 원성이 잦으면 빛이 바래기 때문이다. 운동선수의 코치가 된 것처럼 얼굴을 맞대고 작전을 짰지만, 궁극적으로는 가식 없는 성실한 태도가 정답이라는 결론에 뜻을 같이했다.

　넘쳐나는 구인광고에도 일자리 구하기가 쉽지 않다고들 한다. 하지만 현실을 보면 그렇지만은 않은 것 같다. 생활전선에서 궂은일도 마다않는 사람이 있는가 하면 일터를 기웃거리면서 몸을 사리는 사람도 많다. 어떤 일자리는 구직자가 넘쳐나고, 어떤 곳은 일꾼이 없어서 아우성이다. 특히 청년들의 취업난이 심각한 것을 보면 젊은이들과 기업 사이에 요구조건이 맞지 않아서 생기는 일자리 미스매치 현상이 아닌가 싶은 생각이 든다.

거칠고 고된 일을 누군들 하고 싶겠는가마는 그래도 세파를 헤쳐나가는 강단이 대견스럽다. 그녀에게 딱 어울리는 구인광고가 어디 없을까? 원하는 일자리를 구해서 풀죽은 얼굴을 활짝 폈으면 좋겠다. 2022.2.

유택

　유택은 죽은 자가 사는 집을 말한다. 무덤의 또 다른 이름이라 할 수 있다. 사람이 죽으면 영혼은 하늘나라로 가지만 시신은 유택에서 기거한다고 볼 수 있다.

　오늘도 아침 일찍 망우산에 올랐다. 산길을 걸으면서 사자와 마음속으로 인사를 나누었다. 살아생전에 본 적이 없지만 지금까지 그래왔다. 이곳 망우산 공동묘지는 망자가 모여 사는 다양한 형태의 집촌 묘지 마을이라 할 수 있다.

　그중에는 너무 작거나 남의 묘지 곁에 끼어있어서 눈에 띄지 않는 산소가 있는가 하면, 햇빛 한번 들지 않아서 음산하고 축축하여 풀 한 포기 없는 민둥머리 무덤도 있다. 또한 케케묵은 시멘트 팻말이 유택을 지키고 있는 보기 민망할 정도로 초라한 묘도 있다. 무슨 까닭으로 이처럼 후미진 땅에 묻혀있는지 알 수 없지만, 돌볼 사람이 없지 않나 싶은 생각이 든다. 명당과는 거리가 먼 묫자리로 보인다.

　그런가 하면 수백 평이 넘는 묘지에 큼지막한 봉분이 기세당

당한 자태를 뽐내는 묘도 많다. 약력을 깨알같이 새긴 큼지막한 비석을 비롯해서 상석, 향로석, 망주석 등 다양한 석물이 위용을 자랑하고 있다. 햇빛이 잘 들고 잔디가 깔끔할 뿐만 아니라 꽃단장하거나 장식품을 진열해놓기도 했다. 생전에 떵떵거리고 살았거나 후손들이 번성한 집안일 거란 짐작이 간다. 얼른 봐도 명당으로 보인다.

사람 사는 세상에만 빈부의 격차다 있는 줄 알았는데 망자가 사는 유택도 양지와 음지가 있음을 보았다. 능력이나 출신의 차이라고나 할까 냉혹한 현실을 어찌하겠는가. 그렇지만 인간의 기본가치는 우열이 없으니 무덤도 차별적인 시선으로 보지 않았으면 좋겠다.

망우산은 성묘객이나 등산객, 산책하는 사람들이 즐겨 찾는 도심 속의 휴식공간이다. 성묘하는 사람 수는 줄었지만, 산을 찾는 사람들은 날로 늘어난다. 그런데 그들 중에는 초라한 묘소 곁을 외면하듯이 스쳐 지나가는 이들이 대부분이다. 변변치 않은 몰골이 애처로워서 애써 눈길을 주지 않는 것 같다. 나라고 그런 생각이 없겠는가마는 사후에 같은 처지가 되면 어쩌나 싶은 동병상련의 마음이 들어서 발길이 머물때도 있다. 반면에 유공자나 부티가 나는 무덤은 관심을 보이는 사람들이 많다. 가던 길을 멈추고 묘지를 이리저리 살펴보거나 석물을 만져보면서 자신의 사후를 마음속에 그려보는지 숙연한 표정을 짓기도 한다.

장묘문화는 빠르게 변하고 있다. 매장만 고집하던 시대가 엊그제 같은데 지금은 화장이 대세를 이루고 있다. 거기다 수목장이나 산분장과 같은 자연장이 날로 늘어나고 있다. 그만큼 유택의 형태도 다양화하고 있음을 볼 수 있다.

언젠가 이승을 하직하는 날이 올 텐데, 내 유택은 사람들의 눈에 어떻게 비쳐질까? 2022.10.

망우산의 사계

 망우산은 근심·걱정을 내려놓는 해우소같은 산이다. 어느 산이나 다를 바 없지만 공동묘지를 품고 있는 엄숙한 곳이다. 5킬로미터에 달하는 순환도로는 산을 찾는 이들이 마음껏 운동이나 휴식을 즐길 수 있도록 자리를 내어준다. 주봉이 있는 용마산을 중심으로 북쪽에는 망우산, 남쪽에는 아차산이 의좋게 어깨동무를 하고 있다.

 등산길에 망우산 입구에 들어서면 수십 개의 배너기가 실바람에 나풀거린다. 그 기에는 이곳 공동묘지에 잠들어있는 애국지사, 정치인, 예술가 등의 초상이 저마다 개성 있는 표정을 짓고 있다. 등산객들도 옷깃을 여미고 경건한 마음으로 이 길을 걷는다.

 망우산 숲길을 걷다 보면 다양한 곤충이나 짐승, 새들을 만난다. 날짐승 중에는 물까치가 유난히 눈길을 끈다. 몸집은 까치보다 작지만 늘씬하다. 무리 지어 나뭇가지를 넘나들면서 어린이들이 소풍 길에 재잘거리듯이 부리를 잠시도 다물지 않고 조잘거린다. 다람쥐는 환경변화에 민감한 편이다. 사람들의 발길이 잦고 서식지가 훼손되는 바람에 눈에 띄게 줄었다. 볼 주머니에 터질 듯이 열매를 물고 종종 걸음 질치는 모습은 앙증맞기까지 하다. 청설모는 다람쥐보다 덩치가 크고 눈이 부리부리하다. 밤이나 잣, 호두 같은 열매를 닥치는 대로 따 먹고 나뭇잎을 마구 잘라서 산림에 피해를 주다 보니 미움을 사기도 한다. 고양이도 자주 본다. 동네 길고양이들처럼 애호가들이 집과 먹이를 주고 보살펴준 덕분에 살이 토실토실 쪘다. 양지쪽에 네다리 쭉 뻗고 늘어져 있는 것을 보면 야성을 버린 듯 보인다. 요즈음은 강아지를 애견유모차에 태우고 산행하는 사람이 늘었다. 언젠가부터 망우산 둘레 길은 반려견이 노니는 산책로가 되었다. 아기들의 유모차도 함께 늘었으면 얼마나 좋을까.

계절의 변화를 망우산이 먼저 알려준다. 산수유나 매화가 초봄에 기지개를 켜고 얼굴을 내밀면 개나리, 진달래, 목련도 뒤를 이어 봄을 노래한다. 여름에는 망우산 둘레 길이 초록 숲 터널로 바뀐다. 짙푸른 숲길은 찌는 더위를 식혀주고 지친 몸을 추스를 수 있도록 안락한 휴식공간을 내어준다. 갈바람이 가을을 몰고 오면 망우산 샛길은 사색하는 사람들의 발길이 잦아진다. 바스락거리는 낙엽 소리는 늦가을의 스산함을 속삭이는 노랫가락으로 들린다. 겨울에 피는 눈꽃도 환상적이다. 나뭇가지마다 솜털처럼 뽀송뽀송하게 핀 순백의 설화가 아침 햇발에 옥구슬처럼 반짝인다.

망우산은 자연의 순리를 거스르지 않는다. 가뭄이나 한파가 몰아쳐도 절기가 뒤바뀌거나 뛰어넘는 것을 본 적이 없다. 사계절이 어김없이 순환한다. 나도 그들과 같이 계절 따라 옷을 갈아입고 기후변화에 희비를 같이하면서 맞물려 돌아간다.

망우산이 좋아 그 품에 안긴 지가 어언 40년이 되었다. 하루라도 거르면 보고 싶어서 궁금증이 발동한다. 이 산은 새로운 영감을 생산하는 산실이며 몸을 단련하는 훈련장이면서 에너지를 공급받는 충전소이기도 하다. 때로는 마주치는 풀벌레와 교감을 하거나 무언의 대화를 나누는 곳이다.

망우산의 사계는 나에게 자연의 순리를 거스르지 말라는 삶의 지침을 일깨워 주었다. 망우산은 작고 아담하지만, 그 품은 태산보다 넓다. 포근히 보듬어주고 아낌없이 내어주는 영산과 오래오래 함께하련다. 2022. 12.

쌍방 힘겨루기

　나이 지긋한 어른이 욕설을 퍼부었다. 작업복 차림의 젊은이도 질세라 맞대응했다. 망우산 둘레 길을 정비하는 공사장에서 80대 산행 인과 40대 인부가 통행금지선을 사이에 두고 가야겠다, 못 간다 하면서 옥신각신 입씨름을 벌였다. 쌍방이 한 치의 양보도 없이 밀고 당기던 말싸움은 급기야는 장유유서도 내팽개친 채 쌍욕으로 맞붙었다. 결국은 기 싸움에서 젊은이가 노인에게 꺾이고 말았다. 노인은 의기양양하게 무사통과했다. 구경하던 나도 노친에게 꼽사리 껴 잽싸게 현장을 지나갔다.

　얼마쯤 가는데 공사관리인이 분을 삭이지 못했는지,
"저런 개 ××들이 있으니까 나라 발전이 안 된다"고 외쳐댔다. 노인도 쌍욕으로 맞받아쳤다.
"평생 그 짓거리 해먹고 살다가 뒈져라" 하고.
　제 잘못은 접어둔 채 상대방만 쏘아붙이는 막말은 화풀이는 했을지 몰라도 깊은 상처만 남기지 않았을까. 낯 뜨거운 민낯을 보는 듯 했다. 나도 한통속인 것 같아서 마음이 개운치 않았다.

　착잡한 심정으로 숲길을 걷는데 저만치서 여자의 거친 목소리가 들려왔다. 가까이 가보니 거기서도 행인과 업자 간에 똑같은 상황이 벌어지고 있었다. 쌍방이 부딪히는 소리가 바람을 가르고 숲속에 울려 퍼졌지만 실은 중년 여성이 일방적으로 육두문자를 퍼부었다. 작업 인부는 어안이 벙벙한지 한마디 대꾸도 못하고 벙어리 냉가슴 앓듯이 일그러진 표정을 짓고 있었다. 상대방의 입장은 아랑곳하지 않고 자기주장만 내세우는 안하무인격인 태도가 썩 좋아 보이지 않았다.

요즈음 망우산 둘레 길을 걷다 보면 어수선한 공사현장을 자주 보게 된다. 굴곡진 좁은 길을 차량, 자전거, 오토바이 등이 마구 달리다 보니 사고의 위험성이 커서 보행자의 안전을 위해 인도를 설치하고 있다. 쌍수로 환영할 일이다. 그런데 통행인과 공사 주체 간에 말다툼이 잦은 것은 왜일까? 굳이 시시비비를 가리자면 원인을 제공한 시공사의 과오를 지적하지 않을 수 없다. 대형 공사를 하려 들면 사전 고지는 물론 왕래하는 사람의 협조를 당부해야 하거늘, 아무런 조처도 없이 막무가내로 막아서니 영문도 모르고 당하는 행인들이 순순히 응하겠는가. 그렇다고 등산객들의 잘못이 없는 것도 아니다. 개개인의 입맛에 다 맞출 수는 없으니 대의명분에 어긋나지 않는다면 따르는 것이 공동체 구성원이 지켜야 할 룰이라는 것을 잊지 말아야 할 것이다. 양비론적일지 모르지만, 모두가 이기적이란 생각을 지워버릴 수가 없다.

싸우고 다투는 소수가 있는가 하면 따르고 응하는 다수가 있다. 가고자 하는 길이 멀고 불편해도 돌아가거나 규칙을 지키는 산행 인이 훨씬 많다. 세상은 이런 사람들이 있어서 살맛이 나고 훈풍이 분다고 봐야 할 것이다. 오늘 내가 한 행동이 옳았는지 곰곰이 되씹어보았다.

쌍방의 힘겨루기는 때와 장소를 가리지 않고 발생한다. 시내 길거리를 걷다 보면 공사판에서 이해관계인들이 싸우는 경우가 많다. 지하철이나 도로, 크고 작은 건설공사장에서 통행이 불편하다느니, 여기는 되고 저기는 안 된다고 하면서 말이다. 쓰레기처리장이나 화장시설 같은 기피시설은 더 가관이다. 우리 지역에 혐오 시설이 발을 붙이지 못하도록 결사반대하는 경우가 많다. 지역민들이 머리에 띠를 두르고 반대 집회를 여는가 하면 피켓, 플래카드가 바람에 나부끼는 것을 볼 수 있다. 꼭 필요한 시설물인데도 우리 지역은 안 된다는 지역이기주의는 상호공존을 거부하는 님비현상으로 경계해야 할 것이다.

거미줄처럼 얽히고설킨 관계 속에서 나 홀로 할 수 있는 것은 아무것도 없다. 더불어 사는 필요조건은 양보와 타협일진데 반목질시하는 까닭은 무엇일까. 아마도 첨예한 이해관계 속에서 자기 몫을 챙기려고 다툼질을 하다 보니 그런 현상이 벌어진다고 봐야 할 것이다. 양보의 미덕이 없는 한 쌍방 힘겨루기는 멈추지 않을 것이다. 2024.7.

딸기원에 둥지를 틀다

　딸기원은 도시를 끼고 있는 시골 마을이다. 서울에서 망우리 고개를 넘으면 널따란 도로 양측에 수없이 많은 옛집이 옹기종기 모여 있는 산동네이다. 시내에 이런 달동네가 있을까, 눈을 의심하지 않을 수 없다.

　겉만 보면 마음에 드는 것이 별로 없다. 골목길은 미로처럼 좁고 구불구불하여 사람이 다니기도 힘들 정도이다. 초행길이 아니라도 어리둥절할 때가 있다. 요즈음은 간간이 연립주택이 들어서고 있지만 아직도 기와, 판 넬, 슬레이트 지붕에 협소하고 낡은 단독주택이 대부분이다. 고층빌딩은 찾아볼 수 없으며 4층 다세대주택이 그나마 높은 편이다.

　주거환경이 열악한 탓에 불편한 점이 많은 것도 사실이다. 텃밭이나 공터가 많다 보니 하절기에는 작물이나 풀이 우거져서 모기, 불것늘이 극성을 부린다. 길가에 무질서하게 세워눈 자량이 통행에 불편을 주기도 하고, 아무 데나 버린 쓰레기가 눈살을 찌푸리게 한다. 또 마당 있는 집에서는 덩치 큰 개를 많이 기른다. 한 놈이 짖어대면 여기저기서 덩달아 짖는 바람에 온 동네가 개들의 합창 소리로 시끌벅적하다. 망우리 공동묘지와 군부대가 가까이 있어서 그린벨트에 묶인 탓에 도회지에 이런 낙후지역이 생긴 것 같다.

그런데 속을 들여다보면 겉보기와는 사뭇 다르다. 도시처럼 번잡하지 않고, 야산이 병풍처럼 둘러 처서 안온한 느낌을 준다. 또 철 따라 바뀌는 풍광이며 새소리, 풀벌레 소리를 집안에서 보고 들을 수 있으니 전원생활이 부럽지 않다. 초봄에 비추는 햇살이 유난히 따사롭고 볼을 스치는 가을바람이 한껏 사늘하다. 공기 맛이 상큼하고 부드러운 것도 이 마을이 주는 선물이다. 집들은 하나같이 남쪽을 향해서 조아리고 있어 자연채광이나 통풍은 물론, 남향집이 주는 혜택을 몽땅 누린다. 여름철에는 처마 밑 그늘진 평상에서 나이 지긋한 아낙네들이 텃밭에서 기른 푸성귀를 다듬기도 하고, 돋보기안경 너머로 바느질을 하면서 오순도순 이야기꽃을 피운다. 삶의 속도가 멈춘 듯 느리지만, 이웃사촌이 함께 어울리면서 마음 편히 살 수 있는 정겨운 마을이다. 그런가 하면 사원이나 암자, 점집이 많고 무속신앙이 뿌리 깊은 곳이기도 하다.

옛날에는 초가집 몇 채와 주막이 있는 자연부락이었다. 그 시절에는 망우리 고개가 가파르고 넘나들기 힘들어서 오가는 사람들이 주막에서 탁주를 마시거나 잠시 쉬어갔다고 한다. 그 후

60년대 초반에 홍수로 한강지류인 왕숙천이 범람하자 수재민 30여 가구가 이곳으로 이주하여 정착하게 되었다. 마을이 들어서고 사람들의 왕래가 잦다 보니 버스를 이용하는 사람이 늘어났다. 승객들이 타고 내리는 버스정류장을 설치하면서 하차장 이름을 무어라 부를까 망설이던 차에, 드넓은 딸기밭에 빨간 딸기가 주렁주렁 열려있는 것을 보고 '딸기원'이라 지었다고 전한다. 교문동이라는 지명이 있는데, 시골 마을의 풍경을 닮은 정감 어린 애칭을 달아준 것 같다. 지금은 집이 들어차서 딸기밭이 사라진지 오래되었다.

딸기원은 망우리 공동묘지와 이웃지간이다. 70년대 초까지만 해도 이곳에는 5만기가 넘는 무덤이 있었으나 자연 소멸되고 이장하여 지금은 6천여기만 남아있다. 오래전에는 귀신이 나오는 공동묘지라 해서 섬뜩하여 기피하는 경향이 있었는데 지금은 공원을 조성하여 성묘객은 물론 산책하는 사람들이 즐겨 찾는 휴식공간이 되었다. 사시사철 꽃이 피고 온갖 새들이 우짖는 도시 속의 자연생태공원으로 새롭게 태어났다. 망자와 산자가 공생하는 성지로 탈바꿈한 것이다. 좋은 기운이 깃든 집터나 묏자리를 명당이라 하는데, 풍수지리를 들추지 않아도 이곳이 길지라는 것을 한눈에 알 수 있다.

나는 오래전부터 자연의 품속에서 시공이 주는 여유를 누리면서 살고 싶었다. 회색빛 아파트 숲속에서 살다 보니 부대끼고 답답해서 숨 쉬고 살만한 곳을 찾아 집을 옮겨야겠다고 마음먹은 지 오래다. 바라는 꿈은 이루어진다는 믿음으로 서울 근교 망우산 자락을 짬짬이 살펴보던 차에 사람 냄새가 풍기는 한적한 시골 동네를 발견했다. 도시 한복판에 이런 오지마을이 있다는 게 믿기지 않았지만 내 마음에 쏙 들었다. 내가 살 곳은 여기다 싶어서 서둘러 이삿짐을 옮겼다. 나는 도시가 주는 편리함보다는 자연이 주는 편안함을 선택했다.

　남들은 마음에 차지 않는다고 시큰둥할지 모르지만, 산신과 영령들이 지켜주는 딸기원에 둥지를 튼 것은 행운이요 꿈을 캤다고 봐도 좋을 것이다. 2019.9.

노인의 자리

오늘도 그 자리를 지키고 있다. 어제도 그랬다. 부지런 떨던 지난 시절의 뒤안길에서 편안한 노후를 대비하는 듯 보인다. 하루라도 안 보이면 무슨 변이라도 생겼을까 봐 은근히 걱정된다.

망우산 오름길 초입에 유난히 큰 대문집이 있다. 그 문 옆의 나지막한 바위에 할머니가 걸터앉아서 무언가를 쳐다보고 있다. 혹시 볼기가 아플까 봐서 내가 쓰던 깔판을 드렸더니 웃음 띤 얼굴로 연신 고맙다는 인사를 한다. 이럴 줄 알았으면 새것을 드려야 했는데, 생각 없이 한 짓이 마음에 걸린다. 남들은 우두커니 앉아있는 모습이 청승맞다고 할지 모른다. 하지만 내 눈에는 주마등처럼 덧없이 스쳐 간 지난 세월을 회상하면서 아름다운 마무리를 꿈꾸는 듯 보인다. 현세를 하직하기 위한 의식이라도 준비하는 것처럼 속세를 초월한 의연함이 온몸에서 뿜어 나온다.

그 여인은 주름살이 짙은 얼굴에 합죽할머니이지만 활짝 웃는 얼굴은 천진난만한 소녀 같다. 아담하고 다소곳한 자태는 천생 여성이다. 몸가짐이 흐트러지지 않고 귀도 밝고 말도 또렷하다.

거기에다 빨간 줄무늬 모자, 핑크빛 잠바, 삼색이 선명한 바지, 앙증맞은 꽃신은 연세를 뛰어넘은 패션의 진면을 보는 것 같다. 그분은 내가 하루를 시작하면서 제일 먼저 만나는 93세의 할머니이다. 처음에는 그냥 스쳐 다녔지만 이른 아침에 자주 만나다 보니 자연스럽게 말을 나누게 되었다.

산책길에 만나 인연을 맺은 노인이 또 한 분 있다. 나도 망우산 둘레 길을 끈질기게 돌지만, 그분도 뒤질세라 부지런히 다닌다. 그런데 외관상 건강이 좋지 않아 보인다. 얼마 전까지만 해도 허리가 그리 휘지 않았는데 요즈음은 90도 가까이 굽어서 자기 발끝만 보고 걷는다. 처음에는 5km쯤 되는 둘레 길을 완주하더니 점점 줄어들어 지금은 3분의 1도 힘들다고 주저앉는다. 숨이 차서 걷는 속도도 느려졌다. 병세가 빠르게 악화되는 모습이 눈에 보인다.

그동안 산행길에 하루가 멀다고 만났지만 그냥 지나쳤는데, 건강이 하루하루 나빠지는 것을 보고 기회를 마련하여 말을 건넸다. 이런저런 이야기 끝에 치료를 받았느냐고 조심스럽게 물었다. 60대 초반에 증상이 있었지만 대수롭지 않게 여겼다고 한다. 그 후 상태가 좋지 않아서 수술을 받았으나 호전되기는커녕 허리가 점점 굽어간다는 것이다. 용하다는 의사는 모두 찾아다니고 좋다는 약은 다 썼지만 별 소용이 없다고 한숨을 내쉰다.

이분은 피골이 상접하여 걷기도 힘에 부친 86세의 노부이다. 질병이 없어도 몸을 가누기 어려운 나이인데 지탱하기 어려운 환자의 몸으로 산행에 매달리는 것을 보면 막바지에 있는 힘을 다 쏟아붓는 듯 보인다. 그래도 이를 악물고 걷고 또 걷는 투지는 불굴의 정신력에서 나오는 것 같다. 하루를 더 버티기 위해서 이 꼬부랑 할배가 있어야 할 곳은 망우산 둘레길이라는 것을 알았다. 살기 위한 몸부림이라고나 할까, 오늘이 마지막 날인 것처럼 한발 한발 힘겹게 떼는 발걸음을 보자니 애련한 마음에 눈시울이 뜨거워진다. 그동안은 사모님이 동행했는데 최근에는 혼자 다닌다. 그래도 누군가 옆에 있어야 안심이 될 텐데, 괜스레 마음이 쓰인다.

망우산 산책길을 걷는 사람의 과반은 노인들이다. 전에는 할아버지들이 산길을 메웠는데 지금은 할머니들이 뒤질세라 몰려든다. 새벽잠도 잊은 채 아침 일찍부터 산에 오르기 바쁘다. 하절기에는 나무 그늘 밑에 삼삼오오 모여앉아서 세상사 이야기를 털어놓느라 해지는 줄 모른다. 이곳은 나이 지긋한 어른들의 건강센터요, 여가를 즐기는 놀이터이자 최적의 안식처라 할 수 있다.

이 시대의 늙으신네들은 일제의 탄압과 6.25 참화를 겪은 파란만장한 세대들이다. 굶기를 밥 먹듯이 했으며 보릿고개를 경험한 분들이다. 또 본인이 배우지 못한 한을 자식들 가르치는데 쏟아 부었으며, 가축을 팔아 학비를 조달하다 보니 우골탑이란 신조어가 유행하기도 했다. 어찌 보면 격동기의 비극이요 불운의 연령층이라 할 수 있다.

 노인의 자리는 불안하기 짝이 없다. 내버려 두면 시들어 버릴지도 모른다. 보살핌이 절실한 이유이다. 내일도 합죽할 매와 꼬부랑 할배를 그 자리에서 만났으면 좋겠다. 2021.7.

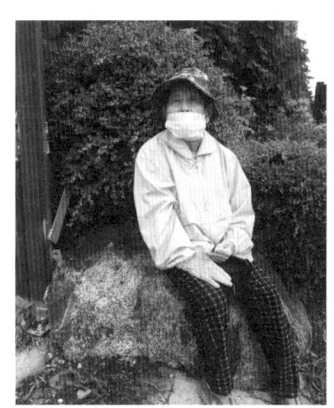

싸구려 먹거리

　오늘은 어디서 싼 먹거리를 구할까. 전통시장을 갈까? 동네 구멍가게를 들릴까. 산길을 걸으면서 친구들과 먹거리 타령을 한다. 망우산에서 아침 운동하고 하산 길에 시장에서 신선한 딸기 한 팩을 할인가격으로 구입했다. 별것 아니지만 흐뭇하다. 또 며칠은 입이 즐겁겠다고 생각하니 군침이 돈다.

　산행하는 길목에 재래시장이 있다. 시장통을 하도 많이 다녀서 어느 점포에 무슨 상품이 있는지 대충 안다. 단골집도 몇 군데 있는데 가끔 들러서 커피도 마시고 시장 돌아가는 이야기도 나눈다. 언젠가는 과일가게에 손님이 하도 많아서 사과 한 바구니 사는데 십 여분을 기다린 적이 있다. 친구는 나보다 더 많이 사들고도 힘든 줄 모르고 내내 웃음 띤 얼굴이었다. 과일 값을 치르면서 시간이 오래 걸렸다고 했더니 계산대 아가씨 하는 말 "싼 물건을 샀으니 그 정도 수고는 해야지요." 하는 것이다. 싼값에 수고비가 늘어있다는 의미로 들렸다. 싸구러 집이니 그런 대접을 받아도 할 말은 없지만, 내 몸값도 도매금으로 취급 당하는 것 같아서 뒷맛이 개운치 않았다.

친구는 가정적이고 자상한 편이다. 무엇인가 사 들고 집에 들어가기를 좋아한다. 떡, 과일, 우유, 술안주 등 가리지 않고 간식거리를 산다. 비닐봉지에 잔뜩 사 들고 털레털레 집에 들어가면 마누라 왈,

"싼 것만 사지 말고 맛있는 것 좀 사 오시오" 하고 한마디 한단다.

흡족하지 않아서 그러겠는가. 영감님의 성의에 고맙다는 의미의 다른 표현이겠지. 값싸고 맛있으면 얼마나 좋을까. 그런 요행만 있다면 장바구니가 미어터져도 돈이 아깝지 않을 것이다. 얼마 전까지도 돈을 아끼려고 값을 흥정하거나 팔다 남은 재고를 떨이할 때 사기도 했다. 그때는 말만 잘하면 몇 푼 깎아주기도 했는데 요즈음은 가격표시제에 시장인심까지 박해졌는지 그것도 안 통한다.

재래시장은 작은 점포들이 빼곡히 몰려있어서 다소 번잡하지만, 알뜰주부들이 많이 애용하는 저렴한 장마당이다. 사는 사람도 파는 사람도 마음 편히 거래하는 이웃들이다. 나도 가게를 기웃거리다가 싸다 싶으면 사고 보는 성미 때문에 냉장고에는 대부분 싸구려 먹거리가 자리를 차지하고 있다. 그런가 하면 백화점이나 대형마트를 이용하면서 값비싼 식자재를 고집하는 사람도 많다. 내 장바구니와 비교하면 초라해서 창피하지만 이내 마음을 고쳐먹는다. 뱁새가 황새를 쫓아가면 가랑이가 찢어진

다는 것을 알기 때문이다. 삼시 세끼 배부르면 그만이지, 더 바라면 주제 파악도 못 하는 무녀리라고 핀잔을 받을게 빤한데 욕심을 부려서 무얼 하겠는가.

요즈음은 먹거리 시장에도 변화의 물결이 일렁이고 있다. 바쁜 일상이 집에서 밥 지어 먹는 시간마저 앗아갔기 때문으로 보인다. 그 틈을 타서 외식이나 주문배달 등 사 먹는 음식점이 가파르게 번성하는 양상이다. 그중에도 반찬가게는 하루가 다르게 늘어나고 있다. 대부분은 주인 혼자 자그마한 매 대를 벌려 놓고 장사를 하지만, 규모가 크고 일손이 많은 점포도 눈에 띈다. 그렇게 다양한 반찬으로 구색을 갖춘 널따란 매장은 손님들의 발걸음이 끊이지 않는다. 나도 보기 좋고 입맛이 당기는 반찬을 시장에서 주로 사 먹는다. 오다가다 보면 어른들은 깊은 맛이 나는 밑반찬을, 젊은이들은 싱싱한 햇반찬에 손길이 머무는 것을 볼 수 있다.

시장을 다니면서 먹을거리를 사다 보니 나도 주부들 못지않게 장 보는 수완이 늘었다고 자부했다. 그런데 그녀들의 사려 깊은 뜻을 헤아리지 못한 내 생각이 짧았다는 것을 알아차렸다. 나는 마음에 들면 그냥 사고 보지만 주부들은 이리저리 살펴보고 연신 들었다 놓았다 하면서 신중하게 접근한다. 나는 내 입맛을 우선시하지만 그들은 가족의 식성을 먼저 따진다. 하나를 골라도 주부본능이 발동한다. 그래서 어머니가 빚은 음식은 엄마 손맛에 진한 가족사랑까지 가미해서 감칠맛이 우러난다.

나는 소식하지만, 골고루 먹는 편이다. 입맛이 없다고 적당히 때우거나 거르는 경우는 거의 없다. 값싼 음식일지라도 소반을 푸짐하게 차려놓고 즐겨 먹는다. 가짓수가 적으면 마음에 차지 않고 먹어도 먹은 것 같지 않기 때문이다. 비록 같은 반찬이 매번 식탁에 오르내리면서 자리를 채우기는 하지만.

싸구려 먹거리가 시장 골목에서 손짓한다. 오늘도 알뜰 장의 저렴한 식품으로 소박한 밥상을 차릴 것이다. 2021.4.

카네이션 한 송이

"할아버지 건강하세요."

앳된 소녀가 어리광을 부리면서 카네이션을 가슴에 달아주었다. 망우산 등산길에 어린이 놀이터에서 생긴 일이다. 갑작스레 벌어진 일이라서 고맙다는 인사말 밖에 아무 말도 하지 못했다. 꽃바구니를 든 그 학생은 또 다른 어른들에게 꽃 선물을 하려는지 총총걸음으로 사라졌다.

오늘이 어버이날인 줄은 알았지만, 카네이션 한 송이에 이렇게 흐뭇할 줄은 몰랐다. 성도 이름도 모르는 학생으로부터 얼결에 받은 깜짝 선물이기에 마음이 더 설렌 것 같다. 그 꽃에는 어른을 존경하고 감사하며 사랑한다는 의미가 함축되었을 것이다. 만약에 그 여학생과 인연이 없었다면 내 가슴에 꽃이 필 리 없었으며, 올해도 유야무야 어버이날을 보냈을 것이다.

어머니날에 카네이션을 선물하는 관행은 서양을 중심으로 기독교 사상에서 유래된 것으로 보인다. 백여 년 전에 미국의 한 여성이 어머니에게 카네이션을 선물한 것이 계기가 되었으며 어머니가 살아계시면 빨간색을, 돌아가셨으면 하얀 꽃을 가슴에 달기 시작했다고 한다. 그 후 연방정부에서 5월 둘째 주 일요일을 '어머니날'로 지정하여 기념하고 있다. 우리나라도 50년대부터 어머니날을 제정하여 시행하다가 70년대 초에 아버지와 어른을 포함해서 5월 8일을 '어버이날'로 개정하여 오늘에 이르게 되었다. 대부분의 나라는 어머니날, 아버지날을 따로 쇠지만 어버이 은혜에 감사하는 마음은 지구촌이 하나인 것 같다.

얼마 전까지도 어버이날에는 빨강, 연분홍, 하얀 카네이션을 가슴에 달고 다니는 어른들이 많았는데 요즈음은 보기가 드물어졌다. 어버이날의 상징인 카네이션의 이미지도 퇴색해졌다. 5월이면 선물목록에서 선두자리를 차지했는데 말이다. 시대의 흐름인지라 어쩔 수 없지만, 가족끼리 외식을 즐기거나 건강식품은 물론 용돈을 드리는 추세로 흐르는 것을 볼 수 있다. 하지만 유행을 타지 않는 손 편지나 예쁜 엽서를 드리는 것도 잔잔한 울림을 주는 선물로 손색이 없을 것이다.

평소에는 모르고 지내지만, 오늘 같은 날은 곁에 가족이 없는 게 마음에 걸린다. 자녀가 셋이나 있는 데도 멀리 떨어져 있으니 인적 없는 황야에 홀로 있는 기분이다. 자녀들의 왕래가 잦은 이웃을 보면 그렇게 부러울 수가 없다. 그 들의 와자지껄한 목소리는 나를 더 고독의 늪으로 빠뜨리기도 한다. 주변에 말벗들이 있어 위안이 되기도 하지만, 가족의 정보다 더한 것이 있겠는가.

　친구들은 나더러 운명이려니 하고 살라고 한다. 그러게 마음을 비우고 싶지만 몽매인의 생각이 거기에 미치지 못하니 안타까울 뿐이다. 하기야 만복을 누리고 사는 사람이 어디 그리 많은가. 등 따습고 몸 성하면 다행인 줄 알아야지. 나는 일상에서 맛보는 자잘한 만족을 행복으로 여기고 산다. 꽃 한 송이가 마음 뿌듯한 감동을 안겨준 것처럼.

　호랑이도 제 말하면 온다더니 때마침 외국에 사는 딸한테서 전화가 왔다. 날이 날인만큼 어버이날을 잊지 않고 전화하는구나, 내심 기뻤다.
　"아빠 축하해요. 꽃바구니 못 드려서 죄송해요. 오래오래 건강하세요."
하고 인사할 줄 알았는데, 시어머니가 기억력이 떨어지고 말도 전과 같지 않다면서 걱정을 늘어 놓았다. 얼결에 그러냐고 덩달아 거들었다. 그러면서 나이들면 몸과 마음이 말을 잘 듣지 않으니 너무 심려하지 말라고 안심시켰다. 어버이날은 꺼내지도 않았다. 떡줄 사람은 생각지도 않은데 김칫국 먼저 마신 꼴이 되고 말았다. 그래도 오늘 여식의 전화 목소리는 카네이션에 못지 않은 뿌듯한 선물이었다.

어버이날은 물론 평소에 부모님을 얼마나 챙겼는지 지난날을 되돌아보았다. 기억을 더듬어 봤지만 아무것도 떠오르는 것이 없다. 세월이 흘러서 가물가물하다는 핑계는 대고 싶지 않다. 준 것이 박 한데 받기를 바란다면 수전노와 무엇이 다르겠는가. 참회할 일만 남은 것 같다.

해마다 어버이날을 치렀지만 이렇게 가슴이 뛴 적은 일찍이 없었다. 고사리 같은 손으로 빚은 카네이션 한 송이에 소녀의 고운 마음씨를 담아서 어버이날을 자축하려 한다. 2022.5.8.

04
되새기고 싶은 것들

내 운명은
희귀작품을 만나다
공 칠 뻔한 탐방길
석굴암에 은신하다
코로나 대적
손 글씨
몽키 하우스(monkey house)
경로 우대증
네 이름이 무엇이냐
냉장고는 만능이 아니다
나이를 잊은 사람들

내 운명은

　내 이름은 '난지도'이다. 난초와 지초가 어우러져 그윽한 향기가 난다고 해서 붙여진 이름이다. 또 꽃이 피어나는 섬이라 해서 '중초도', 철 따라 온갖 꽃이 핀다고 해서 '꽃섬', 오리 모습을 닮았다고 해서 '오리섬', 다양한 철새 도래지라 해서 '문섬' 하늘에 가장 가깝다고 해서 '하늘공원'이라고도 한다. 나만큼 예쁜 이름을 주렁주렁 달고 사는 섬도 흔치 않을 것이다. 내 자랑이 어디 그뿐이겠는가. 지금은 뭍으로 변했지만, 아래로는 한강 물이 굽이치고 위로는 난지 샛강이 흘렀으며 70년대 초 만해도 많은 동식물이 내 품 안에서 어우러져 살았다. 겨울이면 철새들이 몰려들어 먹이 사냥을 했으며 농부들이 농사를 짓고 가축을 기르는 목가적인 섬이었다. 갈대숲을 배경 삼아 애정 영화의 세트장으로 이용했던 낭만이 깃든 곳이기도 했다.

　그런데 갑자기 시련이 닥쳐왔다. 60년대에 접어들어 서울의 도시 규모가 급속도로 팽창하면서 생활 쓰레기가 넘쳐나자 그 폐기물을 이곳에 버리기 시작했다. 잡쓰레기가 쌓이다 보니 평평했던 자연 섬이 백 미터 높이의 흉물스러운 인공 섬으로 바뀌었다. 오랜 세월 물과 바람이 빚은 천연의 아름다운 낙원이 순식간에 황폐해지자 난초와 지초는 물론 온갖 꽃과 새들이 제 갈 길을 찾아 뿔뿔이 헤어졌다. 참다못해 만신창이가 된 이 몸을 구해달라고 애원했지만 어느 누구도 귀를 기울이지 않았다.

그런데 살려달라는 아우성이 사람들의 마음을 움직였는지 한 줄기 서광이 비치기 시작했다. 서울시민들이 죽어가는 내 모습을 더 이상 보고만 있지 않았다. 2002년 월드컵경기장을 인근에 건립하면서 난지도와 그 주변을 대대적으로 정비했다. 복토를 하고 산책로와 온갖 편의시설을 설치하였으며 자연 친화적인 생태공원으로 복원한 것이다. 쓰레기 매립지로 버릴 때는 언제고 돌아서서 따뜻한 가슴으로 보듬어주다니, 병 주고 약 주는 인간의 심리를 알다가도 모르겠다.

사람들의 응원과 자연의 회복력으로 죽어가던 섬이 되살아나자 떠났던 생명들이 제집을 찾아 돌아오기 시작했다. 키를 넘는 억새풀이 장관을 이루고 산들바람에 핑크뮬리가 분홍빛 물결을 연출한다. 단풍철에는 구경꾼들이 인산인해를 이루는가 하면 학생들도 생태탐방이나 자연학습장으로 즐겨 찾는다. 박새, 물까치 같은 텃새들이 다시 찾아와서 잃어버린 지난 세월을 회상하면서 목청껏 우짖는다. 풀벌레도 제 세상을 만난 듯이 노랫가락을 한껏 뽐낸다. 나를 보러온 관광객들 중에는 늦가을 향취에 푹 빠져들기는 시간이 짧다고 아쉬워한다. 하지만 다시 태어난 기쁨을 누려야 할지, 내 운명은 사람의 입맛에 따라 좌우지되는 풍전등화 같아서 걱정을 놓을 수가 없다.

 말하고 싶지 않지만, 나들이객 중에는 몰지각한 사람들이 더러 있다. 사진을 찍는다고 억새풀을 마구 짓밟거나 출입금지 팻말을 훼손하기도 한다. 오물을 버리고 소란을 피우고 술판을 벌이는 등 낯 뜨거운 행동을 서슴없이 하는 경우도 많다. 이들을 만나면 부아가 치밀지만, 내가 할 수 있는 일은 참고 견디는 것 외에는 아무것도 없다. 그저 손님들의 처분만 바라볼 뿐이다.

 겉보기는 멀쩡하지만 지금도 온몸이 쑤시고 아프다. 쓰레기가 부패하면서 분출하는 침출수나 메탄가스 때문에 속이 부글부글 끓고 있다. 환자의 몸에 호스를 꽂아 불순물을 뽑아내듯이 내 몸의 여기저기에 구멍을 뚫어 오염물을 뿜어내고 있다. 근본 치료가 아닌 임시방편으로 땜질한 상태라서 무슨 사달이 벌어질지 잠시도 마음을 놓을 수가 없다. 그나마 내 몸에서 분출하는 매립 가스가 인근 지역의 난방 에너지원으로 사용한다니 불행 중 다행이다. 몸은 아프고 고달프지만 사람들의 따뜻한 손길이 위안이 되고, 밀려드는 인파로 몸살이 나기도 하지만 찾아주는 인정이 고마워서 웃고 지낸다.

 내 운명은 물론 내 품 안에서 상생하는 온갖 것들의 미래는 안

심해도 좋을까? 인간에게 주문하고 싶다. 더 이상 희생양으로 삼지 않겠다는 다짐을. 우리는 달면 삼키고 쓰면 뱉는 그런 사이가 아닌 운명공동체이기 때문이다. 2019.10.

희귀작품을 만나다

  저물어가는 가을을 그냥 보내기가 아쉬웠다. 쏜살같이 내달리는 가을의 끝자락에서 만추의 정취에 빠져들고 싶은 마음에 따사한 햇살이 이끄는 대로 따라나섰다. 남녘을 향해서 한참을 달리다 보니 고속도로에 진입했다. 정처 없는 나그네처럼 도로 위의 방랑자가 되고 말았다.

  차창밖에 펼쳐지는 풍경은 해 질 녘에 노을처럼 불그스레하게 물들었다. 단풍잎이 가을 햇볕을 받아 붉은색이 더 선명해 보였다. 언제 또다시 보랴 싶어서 마음에 가득 담았다. 혼자라서 외로운 감이 들지만, 어차피 가을은 사색의 계절이니 나만의 호젓한 시간을 누리고 싶었다.

  한참을 달리다가 어느 휴게소에 들렀다. 토스트로 점심을 때우고 자판기 커피로 입가심하면서 남은 반나절을 무엇으로 채울까, 머릿속을 뒤져보았다. 아무 생각 없이 나왔지만, 빈손으로 돌아가기는 싫었다. 흔히 가을은 독서의 계절이라고 말들을 하는데 문학 산책을 하면 어떨까 싶은 생각이 떠올랐다. 문인들의 발자취를 더듬어 보는 것도 마음을 살찌우는 자양분이 되지 않을까 싶었다. 다행히 가까이에 박두진, 조병화 문학관이 있었다. 가을 냄새나 맡으려고 나왔는데 뜻하지 않게 문화탐방 길로 방향을 바꾼 것이다.

먼저 경기도 안성에 있는 박두진 문학관을 찾았다. 개관한 지 1년 남짓 되는 새 건물이었다. 어찌나 정갈하고 정리정돈이 잘 되었는지 먼지라도 일까 봐 조심스러웠다. 전시실에는 책을 비롯한 다양한 전시물이 많았지만, 발걸음을 멈추게 한 곳은 희귀한 고서들이 자리를 지키고 있는 서재였다. 박두진 시인이 수집한 70여 권의 단행본이 누런 색깔을 머금은 채 자리를 지키고 있었다. 세월의 무게가 느껴졌다. 그중에는 최남선의 '백팔번뇌', 유치환의 '청마시초', 이육사의 '육사시집' 등 한 시대를 대표하는 작품들이 눈길을 끌었다. 특히 시선을 끈 책은 빛바랜 백석시인의 「사슴」이었다. 앞표지는 책명이나 저자 이름은 물론 글씨 한자 적혀 있지 않은 백지상태였다. 책표지 뒷장에 '白晳詩集사슴'이 쓰여 있다고 해설사가 말했다. 1930년대 중반에 100부를 한정판으로 발행했으며 이제는 보기 드문 서적으로 굳이 값을 매긴다면 1억 원이 넘는다고 귀띔해 주었다. 지금껏 한 번도 보지 못한 희귀작품을 바로 눈앞에서 보다니, 뛰는 가슴을 달래느라 애를 먹었다.

평일이라 그런지 관람객이 한 사람도 없었다. 한 시간여 동안

가이드와 단둘이 전시실을 오르내리면서 작품을 관람했다. 전시품을 감상하고 잠시 차 한 잔 나누면서 박두진 작가의 작품 활동이나 비하인드 스토리가 있으면 더 소개해 달라고 청했더니 기꺼이 자랑을 늘어놓았다. 그는 청록파 시인으로 창작활동 하면서 30여 권의 시집과 평론집을 발행했으며 그 공로로 예술원상 등 많은 작품상을 받았다고 했다. 말년에는 자연석과 메시지를 주고받는 '수석열전'을 집필하면서 수석애호가가 되었다는 에피소드도 빼놓지 않았다.

60대 중반으로 보이는 해설사는 인근 중학교에서 교편생활을 하다가 정년퇴직하고 이곳에서 봉사활동을 하고 있다고 했다. 보람 있게 사는 그녀의 고운 모습이 아름다웠다. 이어서 조병화 문학관을 가보고 싶다고 했더니 직접 그곳으로 전화를 걸어서 안내를 당부하는 성의까지 보였다. 호의를 베풀어주는 마음씨가 고마웠다. 무엇보다 큰 손님 대접을 받은 기분이라 흐뭇했다.

문밖까지 나와서 환송하는 가이드를 뒤로하고 조병화 작가의 전시관에 들렀다. 박두진 문학관과는 달리 전원주택의 멋이 풍기는 고택으로 야산 초입에 자리하고 있었다. 이곳 역시 작가의 창작집, 화집 같은 저작물과 유품을 진열해놓았다. 전시실을 가득 메운 작품에는 그분이 왕성하게 창작활동을 한 흔적이 고스란히 남아있었다. 매년 5월에 문학축제를 열어 조병화 시인의 문학사상을 기리는 시간을 갖는다고 했다. 여기서도 안내원의 후한 대접을 받았다.

　관람을 마치고 나오는 발걸음이 가벼웠다. 시간이 벌써 그리 흘렀는지 해가 서산에 걸려있다. 해전에 집에 도착하려고 길을 재촉했다. 해 질 녘 차창 밖의 단풍은 여전히 고왔다. 손짓하는 단풍잎을 그냥 스쳐 갈 수 없어서 카메라 셔터를 연신 눌러댔다.

　오늘은 심심하고 지루한 시간을 역이용하여 쏠쏠한 재미를 보았다. 뜻하지 않게 희귀작품을 만나 마음을 빼앗긴 것은 반전의 기회라고 볼 수 있다. 전화위복이란 사자성어가 딱 어울리는 날이다. 2019. 11.

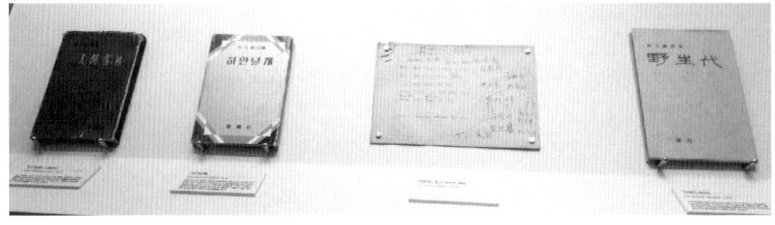

공 칠 뻔한 탐방길

　문이 닫혀있다. 혹시 잘못 왔나 싶어서 두리번 거렸다. 그때 아기를 업고 정원을 거닐던 색시가 다가오더니 어떻게 왔느냐고 묻는다. 이차저차해서 왔노라고 했더니 박세당 고택은 맞지만 보여줄 수 없다고 한다. 전에는 개방했으나 수락산 등산로를 끼고 있다 보니 별의별 사람들이 시도 때도 없이 드나들어서 관리에 어려움이 있어 문을 닫았다고 한다. 안내판을 설치해 놓았지만 한쪽에 있어서 보지 못했다.

　대문 밖에서 들여다보니 제법 잘 사는 어느 고을의 양반집처럼 보였다. 잘 가꾼 파란 잔디가 널따란 정원을 수놓고 400년이 넘어 보이는 은행나무가 대문을 지키고 있다. 정원 위편 가장자리에 박세당 선생이 기거했다는 오래된 사랑채도 있다. 수소문 끝에 어렵사리 찾아왔는데 아무런 소득 없이 나오려니 맥이 빠졌다.

　그냥 돌아 갈 수가 없어서 계곡을 따라 무작정 올라갔다. 얼마쯤 오르니 아담한 사원이 말없이 나를 반겼다. 입구에 '노강서원'이란 액자가 걸려있다. 그런데 여기도 문이 잠겨있다. 인적도 없고 알아볼 데도 없다. 안내판에는 서계 박세당의 아들 '박태보의 위패'를 모신 사당이며, 관직을 두루 거친 명망 있는 선비라고 적혀 있다. 여기서도 빈손으로 나와야만 했다.

또 무엇이 있나 계속 오르다 보니 이번에는 사찰이 앞을 가로막고 서 있다. 일주문에는 '수락산 석림사'라는 현판이 걸려있다. 이곳도 문이 닫혀있다. 코로나19로 대면 참배를 금한다는 푯말이 서 있다. 게시판에는 신라 말기에 창건했으며 조선 후기에 박태보가 김시습의 명복을 빌기 위해서 중창했다고 적혀 있다. 그 후 6.25 전란으로 불타 버린 것을 다시 복원하였다고 한다. 오늘은 가는 곳마다 푸대접을 받는 신세가 되었다.

수락산 자락의 자그마한 고을에 박세당 선생이 터를 잡고 생활한 발자취가 고스란히 남아있다. 그는 조선 후기에 한성부판윤, 이조, 예조판서를 지낸 중농주의 실학자로 알려져 있다. 말년에는 이곳 의정부 장암동에 낙향하여 학문연구와 후진 양성은 물론 많은 저서를 집필했다고 한다. 또한, 조선 시대 친족문화를 꽃피웠으며, 그가 직접 농사일을 하면서 집대성한 '색경'은 농서의 경전이라고 한다.

그밖에도 박세당 선생이 남긴 유적들이 계곡을 따라 흩어져 있다. '石泉 洞'이라 새긴 서계 선생의 친필 암각 문은 물론 지금은 4개의 주춧돌만 남아있지만, 매월당 김시습을 추모하기 위해서 세운 '청풍 정 터'가 있다. 또 제자들과 학문을 토론했다는 '궤산 정 터'도 남아있다.

따사롭게 내리쬐는 초여름 햇살에 끌려서 유적지 답사길에 올랐는데, 전염병 때문에 가는 곳마다 대문을 걸어 잠근 바람에 수박 겉 핥기 식이 되었다. 그래도 박세당 선생 일가가 남긴 고적을 살펴보면서 그 시대의 생활상을 어렴풋이 남아 들여다보았다.

자칫 공 칠 번한 탐방길이었지만, 선인들이 남긴 문화유산을 답사하면서 보고 듣고 느낀 것이 많아서 마음가득 담아왔다.

2021.6.

석굴암에 은신하다

애국지사를 만나러 이곳에 왔다. 조국의 자주독립을 염원했던 그는 꿈을 이루지 못하고 서거했지만 지금도 많은 이들의 추앙을 받고 있다. 그가 살아있었다면 이 나라는 어찌 되었을까? 의문을 푸는 실마리가 여기에 있지 않을까 싶은 생각에 물어물어 찾아왔다.

도봉산 기슭 사패산 중턱에 숨은 듯이 오그리고 있는 석굴암은 김구 선생이 상하이로 망명하기 전에 피신했으며, 해방 후에 다시 찾아 지난날을 회상하면서 안식을 취한 곳이라 한다. 또 그보다 훨씬 전에는 태조 이성계가 왕이 되기 전에 무학대사와 수년 동안 기도처로 사용했다고 전한다.

의정부행 전철에 몸을 싣고 가다가 회룡역에서 내렸다. 집에서 한 시간 거리이지만 생각보다 일찍 도착했다. 시내를 들어서니 고층아파트가 하늘을 찌드고, 몰라보게 바뀐 시가지는 눈을 의심케 했다. 오늘 가고자 하는 목적지가 회룡사 가까이에 있다고 해서 10여 년 전의 기억을 더듬어 어림짐작으로 발길을 재촉했다. 그런데 한참을 가다 보니 아리송해서 행인에게 길을 물었다. 어른들은 모른다고 하는데 어린 학생이 요리조리 가라고 자세히 가르쳐 주었다. 진작 물어봤으면 수월하게 갔을 텐데 입은 어디에 쓰려고 봉해놓고 뙤약볕에 생고생했는지, 아는 길도 물어가라는 옛말을 되뇌면서 쓴웃음을 지었다.

두어 시간을 허비한 관계로 갈 길을 재촉했다. 초등학생이 고사리손으로 알려준 계곡 길을 따라 올라갔다. 얼마쯤 오르니 회룡사 삼거리에 서 있는 이정표가 오른쪽으로 가라고 손짓했다. 눈을 치켜뜨고 보니 경사진 시멘트 길이었다. 500m가 넘는 비탈길을 헉헉거리면서 오르느라 그나마 남은 진마저 빠져버릴 즈음에 가까스로 목적지에 도착했다.

그런데 이마를 맞대고 찰싹 달라붙은 거대한 두 개의 바윗덩어리가 앞을 가로막아 섰다. 그 돌 상단에는 '불이문'이라 새겨 있으며 바위 틈새로 좁은 통로가 있었다. 입구부터 범상치가 않았다. 이곳은 성지이니 속된 마음을 내려놓고 들어오라는 엄중한 느낌을 받았다.

알리바바와 40인의 도둑처럼 나도 '열려라 참깨'를 주문하고 문을 들어서자 좌측에는 암자가, 우측 돌계단 위에는 굴이 있었다. 입구 상단에 石窟庵(석굴암)이란 한자가 새겨진 동굴은 대여섯 평 남짓한 석굴이었으며 안에 들어서니 중앙에 가부좌를 틀고 앉아있는 석불이 반웃음 띤 얼굴로 반가이 맞아주었다. 경건한 마음으로 삼배를 하고 사방을 둘러보았다. 기도 정진하는 도량인가 싶기도 하고 바위틈에 끼어 있는 비밀스러운 공간으로 보이기도 했다. 이런 곳에서 한 국가의 지도자가 나라의 비전을 설계한 꿈의 산실이었다니 믿기지 않았다.

 석굴암 입구에도 큰 바위 셋이 서로 이마를 맞댄 채 결연히 동굴을 지키고 서 있었다. 그 바위에는 석굴암, 불, 백범 김구 무자중추 유차(石窟庵, 佛, 白凡, 金九, 戊子中秋 遊 此, 주:1948년 무자년 중추에 백범 김구가 이곳을 거닐다)라는 암각 문이 새겨져 있었다. 이글은 김구 선생과 뜻을 같이했던 지인들이 그의 친필을 받아서 1949년 3월에 조각한 것이라고 한다. 붉은색이 선명한 필체에서 김구 선생의 선혈이 흐르는 것 같았다. 글씨체가 웅장하고 거침없이 써 내려갔다. 그렇지만 글자 모양이나 크기가 각기 다르고 가파른 암벽에 새기다 보니 손이 떨렸는지 거친 느낌이 들었다. 이참에 효창공원에 있는 백범 김구 기념관을 찾아서 독립투사의 구국정신에 참배해야겠다는 마음이 들었다.

 석굴암에서 김구 주석의 발자취를 눌러보았다. 한 나라의 녕운을 고심했던 독립지사의 은신처로는 초라했지만 큰 바위로 둘러친 토치카와 흡사해서 피신처로는 안성맞춤이란 생각이 들었다.

2021.6.

코로나 대적

자가 격리가 해제되었다. 무슨 구류를 살다가 풀려난 것도 아니지만 기분이 묘하다. 일주일 만에 아침 산행길에 집을 나서는데 몸과 마음이 따로 논다. 한 주일을 쉰 몸은 무겁고 울안을 벗어난 마음은 가볍다.

카카오톡에서 눈을 뗄 수가 없다. 나도 걸리고, 아무개도 양성 반응이 나오고, 누구누구도 확진 판정을 받았다는 등, 쏟아지는 메시지가 핸드폰을 도배한다. 빨리 확인해 보라는 학우님들의 걱정 어린 마음이 절절하다. 이렇게 채팅방이 뜨겁게 달아오른 것은 요 근래 들어 처음인 것 같다.

며칠 전에 문화원 수필교실에서 벌어진 일이다. 수업이 끝나면 헤어지기 섭섭해서 식사나 커피를 하다 보니 수다 삼매경에 빠진 것이 코로나에 빌미를 준 것 같다. 그 요물은 틈만 있으면 찰거머리처럼 달라붙기 때문에 방심은 금물인데, 경고음을 듣지 못한 것 같다.

친우들과 식사를 마치고 집에 오는데 어딘가 꺼림칙한 생각이 들었다. 약국에서 자가진단 키트를 구입하여 항원검사를 했다. 그런데 양성반응이 나왔다. 눈을 비비고 봐도 마찬가지였다. 내 몸엔 아무런 증상이 없는데 무슨 코로나냐고 키트를 의심했다. 하지만 불안한 마음이 나를 구리보건소로 안내했다. 의료진의 지시에 따라 PCR 검사를 했다. 양성판정을 받았다. 일주일간 자가 격리를 하라면서, 증상이 있으면 병원 진료는 물론 재택치료를 하라고 당부했다. 그러면서 격리 명령을 위반하면 징역이나 벌금형에 처할 수 있다는 심리적인 족쇄까지 채워주었다. 지금까지 무사했는데, 머리가 멍해졌다. 아무 생각 없이 돌아다녔으면 다른 사람에게 얼마나 많이 옮겼을까? 아찔한 생각이 들었다. 아무튼, 신속하게 조치를 취한 것은 잘한 일이었다.

치료차 지정병원을 찾았다. 유리창 칸막이를 사이에 두고 의사와 비대면 진료를 했다. 처음 겪는 진료방식이었다. 긴 대기시간에 비하면 진찰은 금새 끝났다. 의사의 처방전을 들고 약국에 갔다. 약사가 약전을 받아들고 보더니 밖에 나가서 기다리라고 했다. 코로나 환자라서 그런지 다른 손님과는 접대가 사뭇 달랐다. 얼마 후에 나온 약사는 조금 떨어진 거리에서 복용방법을 짧게 설명했다. 약봉을 받아들고 오는데 문전박대를 받은 기분이 들었다. 그렇지만 어찌하겠는가, 걸린 내 잘못이 큰 것을.

지금까지 경계의 끈을 놓지 않았는데 잠시 한눈을 판 사이에 그 악마가 기습공격을 했지만 어떤 증상도 나타나지 않았다. 기세등등한 코로나19가 중무장하고 침입했으나 내 몸의 철벽 방어에 줄행랑을 쳤다고 해야 할까. 분명한 것은 코로나19 대적에서 내가 이겼다는 것이다.

평소에는 시간이 빠르다고 세월 타령을 했는데, 집에서 편히 쉬라는 일주일은 왜 이리 긴지 일각이 여삼추였다. 먹거리 시장도 봐야 하고, 아침 등산도 해야 하고, 무엇보다 초가을 향취가 대문 밖에서 손짓하는데 외출금지령 때문에 발만 동동 굴렀다. 슬쩍 외출하고 싶은 마음도 들었지만 위반하면 양심이 노할까 봐서 달력만 바라보고 지냈다.

요즈음은 코로나와 싸우느라 지쳐서 그런지, 방역수칙을 외면하고 시선을 밖으로 돌리는 사람들이 늘고 있다. 오랫동안 울안에 갇혀 살다 보니 그럴 만도 하다. 몸과 마음은 그로기 상태에 빠졌으며 인내심이 한계에 도달했다. 질병당국도 더 이상 강요만 할 수 없는 지경에 이르자 족쇄를 풀기 시작했다.

코로나19가 기승을 부린지도 벌써 2년이 지났다. 지금껏 겪어 보지 못한 고약한 전염병으로 끔찍한 인명피해가 발생했다. 희생자는 노약자나 기저 질환자가 다수였다. 치료약도 변변치 않은 마당에 속수무책으로 당하는 것을 보고 깨달았다. 그놈들과 대적할 수 있는 힘은 체력이며 체력단련은 운동이라는 것을.

 운동의 종류는 다양하지만 나는 걷기운동을 선택했다. 남들도 다하는 그런저런 운동이라고 폄하할지 모르나 나에게 걷기는 운동의 전부이기 때문에 특별하다고 볼 수 있다. 걷는 운동은 내 몸을 강건한 체질로 만든 일등공신이라 할 수 있다. 나는 쉼 없는 보행으로 내공을 쌓고 면역력을 길렀다. 본래 약체인 내가 체력을 다지지 않았으면 코로나19와 맞서 싸우느라 진땀을 뺐을지도 모른다.

 코로나 대적에 필요한 무기는 건강이라는 것을 입증했다. 내 건강은 걷기운동에서 비롯된다는 것도 확인했다. 발이 허락하는 한 걷기는 중단 없이 이어갈 것이다. 2022.8.

손 글씨

　집안에는 항상 필기도구가 있다. 탁자, 침대, 식탁은 물론 화장실에도 메모지와 볼펜을 비치해둔다. 나 혼자 있으니 너저분하다고 잔소리하는 사람이 없어서 좋다.

　이렇게 거실 곳곳에 필기도구가 있으면 순간 떠오르는 아이디어를 얼른 메모할 수 있어서 편리하다. 기억해 두었다가 나중에 써야지 했다가는 돌아서기 바쁘게 잊어버리기 일쑤다. TV를 보다가 출연자의 대화가 마음을 끌거나 내레이터의 구수한 대사가 솔깃할 때도 가까이 있는 펜으로 재빠르게 적는다. 신문에 실린 쇼킹한 가십도 마찬가지이다. 지인에게 메시지를 보낼 때도 먼저 연필로 초벌 작성하고 나서 핸드폰에 입력한다. 시장을 보러 갈 때도 미리 구입할 품목을 메모하다 보니 허투루 쓰지 않는 알뜰한 주부가 되었다.

　외출할 때는 주머니 속에 필기구를 꼭 챙겨 넣는다. 혹시 잊고 나서면 괜스레 허전해서 문방구에 들러 볼펜과 메모지를 사기도 한다. 길을 가다가 번득 생각이 떠오르면 그 자리에서 꺼내 들고 적는다. 이렇게 모은 글들은 일기장을 채우는 다양한 이야깃거리가 된다. 망우산 둘레 길을 걷다 보면 이런저런 사연을 품은 무덤은 물론 수많은 나무와 풀, 새들을 만나는데 그들과의 무수한 교감을 기록하여 글감으로 사용하기도 한다. 메모광은 아니지만, 연필과 친해서 그런지 생각은 맑아지고 눈은 밝아진 것 같다.

오랫동안 일기를 쓰다 보니 메모하는 습관이 몸에 밴 것 같다. 책장 한편에는 70여 권의 노트가 가지런히 꽂혀 있다. 먼지가 내려앉은 수기 노트는 내 눈에는 보물단지로 보인다. 대부분은 일기장이지만 직장 다닐 때 작성한 업무일지, 정년퇴직 후 모 초등학교 배움터 지킴이를 하면서 쓴 어린이 생활기록부도 있다. 그 속에는 쉼 없이 달려온 삶의 이야기들이 깨알같이 적혀 있다. 어느 해는 노트 두 권이 모자랄 정도로 분량이 많은가 하면 아예 쓰지 않은 해도 있다. 크기와 모양, 색깔이 제각각이다. 오래된 것은 낡고 누렇게 바래서 고서처럼 보인다. 주로 볼펜을 사용했는데 흑색이나 청색, 녹색 등 손에 잡히는 대로 썼다. 정성을 쏟아서 또박또박 적기도 하고 쓰기 싫어서 억지춘향이 식으로 끼 적 거리기도 했다. 그런가 하면 쓸 것은 많고 마음은 급했는지, 내가 썼나 싶게 휘갈겨 쓰기도 했다. 오래된 일기장일수록 한자를 많이 쓴 것이 눈에 띈다. 한문을 손에서 놓은 지가 오래인데 그때는 혼용하던 시절이라 그런 것 같다.

일기를 처음 쓴 날짜는 68년 6월 26일 수요일이다. 반백 년 전에 탄생한 일기장을 보자니 감회가 새로워서 적어보았다. 그 전부터 썼지만 어인 일인지 남아있지 않다. 아쉽고 속상하고 내 삶의 일부를 잃어버린 기분이다. 그 일기장의 한 대목에는 고등학교를 갓 졸업하고 상경하여 친척 집에 얹혀살면서 대학교진학이며 앞날을 고심한 글귀가 담담하게 적혀 있다. 그뿐이 아니다. 허기진 배를 움켜쥐고 청계천 변의 판자촌을 멍하니 쳐다보면서 내가 머물 곳이 어딘지 착잡한 심정을 털어놓은 구절도 있다.

내 곁을 떠난 지 십 수년이 지났지만, 군 복무 기간에 아내와 주고받은 애절한 사랑의 손편지가 세월을 머금은 채 서랍장에 잠들어있다. 그중에는 질감이 거칠고 누런 마분지에 쓴 서신이 유독 눈에 띈다. 지금은 애틋했던 호시절을 회상하면서 머릿속에서 영상편지를 써본다. 되돌아보면 학창시절에 국군장병 아저씨에게 보낸 위문편지나 친구들과 주고받은 우정의 편지도 꼭꼭 눌러쓴 손 글씨였다. 예스러운 손편지를 받으면 아련한 추억이 떠오르고 향수에 젖기도 한다.

연필을 손에서 떼지 못하는 나를 보고 지인들은 답답하지 않으냐고 묻는다. 디지털 시대에 아날로그에 매달리는 내가 딱하게 보였던 모양이다. 맞는 말이다. 그렇지만 일부러 그런 것이 아니다. 컴퓨터를 다루는 능력이 태부족하고 손가락도 뻣뻣이 굳어 있을 뿐더러 배울 의지도 없다 보니 손 글씨에 매달릴 수밖에.

얼마 전에 책을 내고 싶은 욕심에 일기장 몇 권을 싸 들고 무작정 출판사를 찾아갔다. 그것을 원고라고 내밀면서 책을 발행해 달라고 했더니 주인이 보따리를 보고 난감한 표정을 지었다. 하지만 물러설 수는 없었다. 따지기도 하고 사정도 하면서 구워삶았다. 막무가내로 요구하니 마지못해 응낙했지만, 땡감을 씹은 듯이 떨떠름한 표정을 지었다. 책이 나오기까지 수차례 출판사를 오가면서 수정작업 하느라 애를 먹고 시간이 오래 걸렸다. 선무당이 사람 잡는다고 의욕만 앞세운 탓에 졸작이 태어났지만, 첫 작품이라서 마음은 뿌듯했다. 그 일 년 후에 두 번째 낸 책도 똑같은 과정을 거쳤으나 지난 경험을 살려서 조금은 수월했다.

얼마쯤 지난 후에 수필 쓰는 기법을 배우려고 학원에 다녔다. 수업시간에 학우들은 인쇄된 작품으로 수업 준비를 했는데 나는 일 년여 동안 연필로 쓴 글을 내밀었다. 학원 다니는 내내 겉으로는 태연한 척했으나 속으로는 쥐구멍에라도 숨고 싶은 심정이었다. 이제는 더 이상 손 글씨에만 매달릴 수 없다는 초조감이 나를 가만히 놔두지 않았다. 컴맹을 탈출해야겠다고 마음

먹고 별로 친숙하지 않은 자판기를 양손 검지손가락으로 두드리기 시작했다.

 서당 개 삼 년이면 풍월을 읊는다고, 손놀림이 익숙해질 무렵에 세 번째 책을 출간했다. 이번에는 보따리 대신 빈손으로 출판사를 찾아갔다. 원고와 자료는 이메일을 통해서 주고받았으며 전화 몇 통화 한 것이 전부였다. 덕분에 비용도 시간도 절약했다. 문명의 이기가 편리하다는 것을 진작 알았어야 했는데, 연필만 붙들고 씨름하던 고집불통이가 시대에 뒤진 것을 깨달은 것은 늦었지만 다행이다. 하지만 십 년 묵은 체증이 가라앉진 듯이 속이 후련한데도 볼펜에 미련이 남아있는 것은 왜일까?

 기계로 찍어낸 문자나 손으로 쓴 글씨는 다 같이 손끝에서 빚어지지만, 모양이나 느낌은 사뭇 다르다. 인쇄된 글자는 판에 박힌 형태라 천편일률적이나 손 글씨는 글씨체가 각기 다르다. 글쓴이의 개성과 성품을 엿볼 수 있으며 지문과 같아서 주인을 금세 알 수 있다. 프린터로 출력한 글은 죽 뻗은 포장도로처럼 밋밋하지만 손 글씨는 오솔길 같아서 아기자기한 맛이 난다. 하지만 붓을 대신하는 편리한 기기의 등장으로 손 글씨는 뒷전으로 밀리는 신세가 되고 말았다.

손에서 붓을 놓지 못하는 것은 오랜 세월 몸에 밴 습성이기도 하지만, 세상에 하나뿐인 나만의 손으로 쓴 글이 자랑스럽고 정감이 가기 때문이다. 앞으로도 일기는 계속 손 글씨로 쓸 것이다. 1년에 한 권씩 30권을 쓰면 100권을 채울 성싶은 데 더 쓸지는 그때 가봐야겠다. 2020.4.

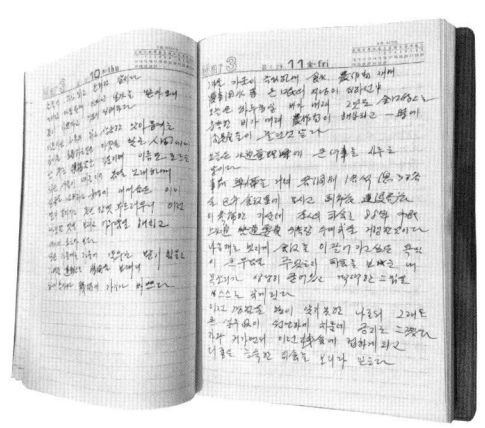

몽키 하우스(monkey house)

 몽키 하우스를 아시나요? 뭇 사람이 죄 없이 옥살이를 하고, 무고한 죽임을 당했던 그곳을. 누가 왜 그런 만행을 저질렀는지 실상을 알아보고 싶었다.

 얼마 전에 모 신문에서 몽키 하우스에 대한 기사를 본 적이 있다. 이름이 생소할 뿐더러 가난에 쪼들린 여성들의 비참한 사연이 서려 있는 곳이라서 궁금증이 발동하여 가보고 싶었다. 마음 먹은 김에 망설임 없이 현장을 찾아 나섰다. 소요산 입구의 공영주차장 인근이라 해서 쉽게 찾을 줄 알았는데, 초행길이다보니 어리둥절했다. 안내표시도 없고 행인에게 물어봐도 아는 사람이 없다. 어찌할까 망설이다가 막고 품어보자는 심산으로 주변을 살펴보기로 했다. 한 시간여 만에 주차장에서 그리 멀지 않은 곳에 흉물스러운 건물 한 채가 외롭게 움츠리고 있는 것을 발견했다. 찾기도 어려웠지만 초입부터 장애물이 길을 막아섰다. 지저분하고 좁다란 길에 호객행위를 하는 노점상까지, 들어갈수록 심란했다. 출입을 금지한다는 모 사학재단의 안내판도 마음에 부담을 주었으며, 넘어지고 부서진 울타리도 접근을 어렵게 했다.

가까스로 몽키 하우스에 도착했다. 200평 남짓한 2층 시멘트 건물이 초라한 몰골로 나를 맞아주었다. 널따란 마당에는 시든 잡풀이 우거져있고 농사를 짓다 만 흔적이 곳곳에 남아있었다. 사람들의 기억에서 지워져 버린 혐오 시설을 보는 순간 찾아온 기쁨보다는 착잡한 심경이 가슴을 짓눌렀다. 건물 외벽의 페인트는 퇴색하고 벗겨졌으며 쇠창살은 세월의 무게만큼이나 녹슬어 있고, 창문 유리도 깨진 채 매달려 있었다. 마당 한 편의 서너 평 남짓한 감시초소도 흉측하기는 마찬가지였다. 수용인의 동태를 도끼눈으로 쏘아보던 기상은 온데간데없고 풀숲에 납죽이 엎드려 있었다.

출입금지 경고문이 눈에 거슬렸지만 눈 딱 감고 현관문을 열었다. 순간 섬뜩한 느낌이 들었다. 메스꺼운 냄새가 진동하고 어둠침침한 내부는 귀신이라도 나올 것 같았다. 이럴 줄 알았으면 누구라도 같이 왔어야 하는데 혼자 온 게 후회스러웠다. 그렇지만 뭇 여성들의 한이 서린 현장을 무섭다고 되돌아 나올 수는 없었다. 잠시 머뭇거리다가 없는 용기를 내서 들어갔다. 복도 양편에 여러 개의 칸막이 방이 감방을 연상케 했다. 눈 뜨고 볼 수 없을 만큼 아사리 판이었다. 쓰다 버린 가재도구가 널브러져 있고, 잡다한 쓰레기가 발 디딜 틈도 없이 쌓여있었다. 천장은 빗물이 새고 내려앉기도 했다. 낙서, 그림은 물론 육필로 쓴 절규의 글귀가 벽면 곳곳에 선명하게 새겨져 있었다. 위 아래층을 둘러보는 내내 음산한 기운이 등골을 오싹하게 했다. 비라도 올 것 같은 궂은 날씨도 음침한 분위기에 기름을 부었다. 간담이 서늘해서 더 이상 머물 수가 없었다. 서둘러 밖으로 나오는데 원혼이 뒷덜미를 잡아당기는 것만 같았다. 놀랍고 무서워서 출입문을 박차고 나오자 극도의 긴장감이 풀리고 마음속 깊은 곳에서 안도의 한숨이 뿜어져 나왔다.

6.25동란의 상흔은 우리 삶에 어두운 그림자를 안겨주었다. 전쟁이 끝나자 동두천 일대에 미군 부대가 주둔하면서 평온했던 고장이 도떼기시장으로 바뀌었다. 미군을 상대로 한 식당, 상점, 클럽 등이 우후죽순처럼 생겨났다. 그중에도 기지촌의 등장은 비극의 씨앗이 되었다. 전쟁이 몰고 온 참화는 빈민층 부녀자들을 윤락가로 내몰고 말았다. 당국은 그녀들을 외화벌이의 도구로 취급했을 뿐만 아니라 방조, 묵인까지 했다고 한다. 기지촌 매춘의 포주는 당국인 셈이다.

일부 윤락녀들이 미군을 상대로 구 저분 한 성행위를 하다 보니 성병이 번지기 시작했다. 당국은 성병 환자를 치료할 목적으로 70년대 초반에 성병 관리소를 지었으며, 90년대 중반쯤 문을 닫을 때까지 20여 년간 수많은 여성이 성 농락을 당했다. 그들의 수용 생활은 비참했으며, 탈출하다 잡혀 죽거나 항생제 남용으로 사망자가 속출했다고 한다. 지금은 유령건물만 그때의 잔

혹사를 오롯이 간직한 채 소요산 숲속에 묻힌 듯 버려져 있다.

 몽키 하우스라는 속된 이름은 미군 병사들의 입을 통해서 퍼졌다고 한다. 쇠창살에 매달려서 살려달라고 울부짖는 여성들이 동물원의 우리에 갇힌 원숭이와 흡사하다 해서 '몽키 하우스'라 불렀다고 전한다. 사람을 원숭이에 빗대어 비아냥댄 것은 야만인이나 할 법한 후안무치한 짓이 아닐 수 없다. 그뿐이 아니다. 성 착취는 물론 윤락녀를 노리갯감으로 취급하기도 하고 양공주, 양 색시, 양 갈보라고 경멸하는 등 온갖 몹쓸 짓을 자행했다고 한다. 원숭이 집이란 저속한 이름은 성병 관리소가 문을 닫으면서 묻혀버렸지만, 아직도 시멘트 구조물은 그때의 참상을 온몸으로 대변하고 있다.

 수치심 때문에 있었던 사건을 없었던 것처럼 묻어버릴 수는 없다. 반성과 다짐, 빈틈없는 준비만이 흑역사의 재발을 막는 방지책이 될 것이다. 무거운 발걸음으로 몽키 하우스를 나오는데, 구원을 바라는 혼령의 울부짖음이 귓전을 맴도는 듯했다.
2023.2.

경로 우대증

   15년 전쯤에 도봉산역에서 생긴 일이다. 등산길에 전철을 타려고 역사에 들어섰다. 일행 중의 한 명이 매표구에서 승차권 4매를 가져왔다. 그 표는 65세 이상의 노인이나 국가 유공자가 이용하는 무임승차권이다. 그 친구는 월남 참전 용사라서 사용할 수 있지만, 나머지 세 명은 그것도 저것도 아니어서 쓸 수가 없었다. 그때는 무임승차표를 매표창구 밖에 내놓았다. 승객들이 알아서 사용할 수 있도록 양심에 맡긴 것이다. 흑심만 품으면 얼마든지 슬쩍해도 좋을 정도로 관리가 느슨했다. 값으로 치면 몇 푼 안 되지만 공짜라서 어깨가 으쓱했다.

   기분 좋게 개찰구를 통과하는데 역무원이 달려와서 신분증을 보여 달라고 했다. 나이를 확인하더니 벌금을 내야 한다면서 인적사항을 적으라고 용지를 내밀었다. 무안하기 짝이 없었다. 들뜬 마음은 온데간데없고 낯 뜨거워서 몸 둘 바를 몰랐다. 다시는 안 할 테니 한 번만 봐 달라고 통사정을 했으나 어르신 같은 사람들이 한둘이 아니라고 정색을 했다. 차비의 30배에 달하는 벌금 고지서를 우편으로 보내겠다는 것이다. 잘못을 저지른 죄책감이랄까, 아무튼 풀죽은 기색으로 역무실에서 나와 제값을 내고 전철을 탔다. 수치심 때문에 화도 나고 창피해서 견딜 수가 없었다.

오면서 곰곰이 되씹어보았다. 만약에 적발되지 않고 무사통과 했으면 어찌 되었을까? 아마 잘못을 인식하지 못하고 신이 나서 또 그런 기회를 엿보았을지도 모른다. 꼬리가 길면 잡힌다고 했는데 자진해서 그만둔 것은 아니지만 초반에 손을 뗀 것은 잘된 일이었다. 한참 시간이 흘렀는데도 역무원이 보낸다던 우편물은 오지 않았다. 추레한 등산복 차림에 나이든 모양새가 마음에 걸렸는지, 충분히 혼내주었으니 이만하면 되었다고 눈감아 주었는지는 알 수 없지만, 호의에 고마운 마음이 들었다.

속이려고 해도 속일 수 없는 것이 세월인 것 같다. 나만은 빠질 줄 알았는데 때가 되니 어김없이 경로 우대증이 명찰처럼 목에 채워졌다. 그 증명서가 나오기 전에는 몹시 기다렸지만 막상 받고 보니 나도 어쩔 수 없는 노인이구나 하는 서글픈 마음에 가슴이 먹먹했다. 경로 우대증을 손에 들고 늦가을 해 질 녘에 석양을 멍하니 바라보니 지는 해가 나를 닮아 보였다.

기쁨과 서글픔이 뒤섞인 증명서이지만 지금은 감사하게 사용하고 있다. 그중에도 지하철 무임승차는 실생활에 큰 도움이 된다. 언제 어디서나 거저 탈 수 있으니 푼돈을 아낄 수 있어서 좋다. 공짜라면 양잿물도 마신다고 했는데 차비 부담이 없다고 떼지어 놀러 다니다 보니 눈총을 사는 경우도 있다.

그런데 무임승차권이 고맙기는 하지만 타고내릴 때 개찰기가 용케도 알아보고 '삐삐'하면서 인사한다. 그런 대우는 안 해도 좋을 텐데 굳이 일반 승객의 '삐'소리와 구별하여 귀에 거슬리게 하는지 모르겠다. 마치 나는 공짜 승객입니다 하고 외치는 소리로 들린다. 한동안 겸연 쩍어서 유료카드를 쓴 적도 있다. 지금은 낯이 두꺼워졌는지, 감각이 무디어졌는지 알 수 없으나 거리낌 없이 사용하고 있다.

자격증 하면 셀 수 없이 많지만 나이와 관련된 증명서는 '주민등록증'과 '경로 우대증' 정도가 있을 것이다. 17세에 발급하는 주민등록증은 세상을 향해서 실컷 꿈을 펼치라는 격려의 메시지가 담겨있다면, 65세에 받는 경로 우대증은 인생살이 온갖 애환을 겪었으니 늘그막이 대우를 받아 마땅하다는 위로의 선물이 아닌가 생각한다. 하기야 얼마 전까지도 환갑날은 동네잔치를 벌였지만, 지금은 고희연도 단출하게 치르는 100세 시대인데, 60대 중반에 노인 대우를 받기는 낯 뜨거운 감이 들기도 한다.

우리 주변에는 노후대비를 미처 못 한 고령층이 의외로 많다.

자녀들 가르치고 대가족 건사하느라 지지리도 가난했던 보릿고개 시절의 희생양이라고나 할까, 시대를 잘못 타고 태어난 불운의 어른들이라 할 수 있다. 이제 무거운 짐을 내려놓고 한숨 돌릴 나이가 되었으니 기죽거나 남의 눈치 보지 말고 떳떳하게 우대증을 활용했으면 좋겠다.

경로 우대증은 단순한 카드가 아니다. 예순다섯 해를 넘긴 사람들만 가질 수 있는 선택받은 자격증인 셈이다. 그 안에는 내 인생의 명암이 고스란히 담겨있는 징표라 할 수 있다.

경로 우대증은 내일도 나를 지하철 무임승차대로 안내할 것이다. 2021.3.

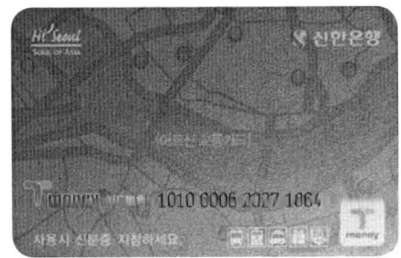

네 이름이 무엇이냐

아침에 일어나면 몸이 묵직할 때가 있다. 아마 육신은 일어났지만 정신은 아직도 잠자리를 맴돌고 있기 때문일 것이다. 그런데 이 순간을 놓칠세라 일찍 잠에서 깬 화초들이 상냥한 미소를 짓는다. 나도 기지개를 켜고 장단을 맞추다 보면 정신이 맑아진다. 그들과 눈빛 사인을 나누는 아침은 하루를 열면서 살갑게 대화하는 시간이다.

화분이 거실 양지쪽을 차지하고 산지가 어언 5년이 되었다. 그러니까 내가 이사 올 때 같이 온 것들이다. 그 후에 시들거나 죽어서 지금은 10여 점이 남아있다. 물과 거름을 주고 분갈이도 했지만 정성이 부족했는지 수명이 다 되었는지, 그 사이에 많이도 죽어 나갔다.

내 집에 있는 화초들은 돈을 주고 사들인 것은 하나도 없다. 사람들이 이사할 때 버린거나 오다가다 주어온 것들이다. 그러니 보기 좋은 화초가 몇 포기나 되겠는가? 버림받은 모습이 가련해서 또 나 혼자 살다 보니 쓸쓸해서 같이 살자고 데려온 것이다. 하찮은 인연이라도 끊을 때는 아쉬울까 봐서 가져올까 말까 망설이기도 많이 했다.

그런데 그 중에도 유난히 내 마음을 끄는 놈이 하나 있다. 그렇다고 화려하거나 예뻐서 그런 것은 아니다. 30여 센티미터 키에 호리호리하게 자란 것이 온몸을 가시로 무장하고 있다. 주인마저 접근하는 것을 달가워하지 않는다. 물을 주거나 화분을 옮길라치면 가시를 치켜세우면서 가까이 오지 말라고 손사래를 치기도 한다. 나도 심사가 불편하면 친구도 멀리할 때가 있는데, 나를 닮지 않았나 싶기도 하다. 이러니 말 상대하기가 여간 조심스러운 것이 아니다. 그런데도 왜 마음이 끌릴까? 아마도 가시에 찔릴까 봐 조심스럽게 대하다 보니 은연중에 미련의 싹이 튼 지도 모르겠다. 그러니 우리 사이는 가까이할 수도 멀리할 수도 없는 애증 관계라고나 할까.

그런데 어느 날 아침에 일어나 보니 윗머리 부분을 축 늘어뜨리고 있는 것이 아닌가. 색깔도 짙은 녹색이 옅은 황색으로 변했다. 밤사이 안녕이라더니 지난밤에 무슨 일이 벌어졌을까? 물주고 햇볕 쪼이면 잘 살 줄 알았는데, 싱싱하게 보이기에 튼튼하리라 여겼는데, 겉보기와는 달리 몹시 아팠던 모양이다. 너를 너무 모른 탓에 이 지경에 이르도록 손 놓고 지내지 않았나 싶어서 가슴이 내려앉았다. 살려야겠다는 절실한 바람으로 사경을 헤매는 윗부분을 떼어서 옮겨 심었다. 그러지만 성심을 다한 보람도 없이 얼마 안 가서 죽었다. 남아있는 아랫부분도 뒤따라 세상을 떠났다. 아마도 한 몸이라서 앞서거니 뒤서거니 수명을 같이 한 것 같다. 불과 며칠 사이에 영문도 모른 채 들이닥친 변고로 가시 돋친 외피며 기세당당한 자태는 더 이상 볼 수 없게 되었다. 다른 화초들과 헤어질 때는 무덤덤 했는데 마음이 짠한 까닭을 모르겠다. 시간이 많이 흘렀지만 지금도 가슴 한편에 애착심이 똬리를 틀고 있다.

같이 사는데도 난 빼고는 화초 이름을 하나도 모른다. 난도 종이 다양해서 구분하기 어려우니 싸잡아서 난이라 부른다. 허망하게 죽은 화초도 키가 길쭉하고 가시가 돋친 것을 보면 선인장의 일종이 아닌가 싶은데, 이름을 모르기는 마찬가지이다. 나도 무심하지, 일상을 같이하면서 여태껏 이름도 모르고 지냈으니 말이다.

그런데 길을 가다가 동네 구멍가게에서 우연히 같은 품종을 만났다. 반가워서 가던 길을 멈추고 한참을 쳐다봤다. 내가 기른 것보다 키가 훤칠할 뿐더러 모양새도 좋고 튼실하게 보였다. 홀연히 떠난 절친을 만난 것 같아서 반가운 마음에 주인에게 사연을 털어놓고 이름이 무엇이냐고 물었더니 나이 지긋한 어른이 빙그레 웃으면서 알려주었다. '한스그린 선인장'이라고. 그 말을 듣는 순간 무언가 매듭이 풀리는 느낌이랄까, 체기가 내려가

듯이 속이 후련해졌다. 그 녀석도 이런 내 마음을 알고 있겠지. 사후에라도 알았으니 망정이지 애틋한 추억마저 잊힐 뻔했다. 살아생전에 알았으면 이름을 부르면서 더 많은 정을 나누었을 텐데, 또 안타까운 마음이 되살아 났다.

자기들 이름은 왜 묻지도 않느냐고 다른 화초들이 시샘하겠다. 2021.12.

냉장고는 만능이 아니다

　오늘도 송편 두 팩과 롤 케이크 한 상자를 샀다. 어제는 고구마와 단 호박을 구입했다. 눈에 띄면 생각 없이 사게 되고, 먹다 남으면 냉장고에 집어넣는다. 등산길에 재래시장이 가까이 있다 보니 하루가 멀다 하고 먹을 것을 사들인다. 자제력도 식탐을 억제하기는 역부족인 것 같다.

　얼마 전까지만 해도 작은 냉장고라도 있으면 감지덕지했는데, 지금은 용량이 점점 커지는 추세이다. 친구는 김치냉장고를 포함해서 4대나 있다고 자랑한다. 그러면서 먹을거리가 가득 차 있으면 부자가 된 것처럼 배가 부르다고 한다. 곳간이 차면 마음이 부자가 된다는 인식이 냉장고에도 적용되는 모양이다. 나도 그런 것 같다. 식구가 단출하니 냉장고 한 대면 충분한데, 큼지막한 김치냉장고를 하나 더 끼고 산다. 명절이나 집안의 대소사를 치르는 날은 냉장고가 미어터진다. 냉동고에는 언제 넣어 둔 지도 모르는 고깃덩어리, 생선꾸러미가 돌덩이처럼 굳은 채 안쪽 깊숙이 자리를 차지하고 있다. 버리자니 아깝고 두자니 비좁아서 이럴까 저럴까 망설이다가 결국에는 두 손을 들고 만다. 냉장고도 숨을 쉬어야 할 텐데, 자칫 빈공간이 없어서 질식할까 봐 걱정이다.

　냉장고의 역사는 100년이 조금 넘었다고 한다. 그전에는 겨울에 얼음을 채취하여 보관했다가 여름철에 사용했을 것이다. 조선왕조 초기부터 한강의 얼음을 채집하여 동빙고, 서빙고에 저장했다가 하절기에 사용한 것을 보면 알 수 있듯이 말이다. 짧은 기간에 주방의 좌장 자리를 차지하고 있지만 최근에는 크기나 용도, 기능이 사람들의 취향에 맞게 다양해지고 있다.

　가전제품은 헤아릴 수 없이 많지만 그중에도 냉장고는 가장 중요한 품목 중의 하나이다. 전기밥솥은 가스나 숯불로 대신 밥을 지을 수 있고, 세탁기는 손세탁이나 세탁소에 맡기면 되지만 냉장고는 대체가 쉽지 않다. 정전이라도 되면 음식물이 상할까 봐서 가장 먼저 챙긴다. 그렇게 우리는 냉장고를 습관적으로 믿고 맡기는 경향이 있는데, 잘못 하면 식료품의 신선도는 물론 맛과 질이 떨어지거나 변질될 수도 있다. 냉동실은 더 많은 주의가 있어야 한다. 냉동하면 안 되는 식자재가 많기 때문이다. 식품을 보관하는 저장고로 취급한다면 냉장고는 우리의 기대를 저버릴 것이다.

　제철음식은 본래의 맛과 향이 살아있다. 미식가가 아니더라도 제철에 나는 먹을거리를 찾아 나서는 것은, 그 시기에만 풍기는 감칠맛을 느끼고 싶어서 그런다. 봄나물을 조물조물 무쳐 먹으면 갖은 양념을 넣지 않아도 상큼한 봄 내음이 입안 가득 풍긴다. 그 싱그러운 맛을 더 음미해보고 싶은 마음에 냉장고에 넣어둔다면 본래의 식감은 물론 풋풋한 맛도 사라지고 만다. 그뿐이 아니다. 냉장고를 소홀히 관리하는 것도 음식 맛을 떨어뜨리는 요인이 될 수 있다. 이참에 정리정돈은 물론 청소도 깨끗이 해야겠다.

냉장고는 만능이 아니다. 식품의 신선도를 잠시 묶어놓는 정도로 취급하면 무난할 것이다. 너무 기대하면 믿는 도끼에 발등을 찍힐 수도 있다. 2022. 10.

나이를 잊은 사람들

　백세를 노래하는데 전혀 귀에 거슬리지 않는다. 백세타령을 하면 무슨 망측한 소리냐고 핀잔을 들은 때가 엊그제 같은데 말이다. 인간 칠십 고래희는 옛말이 되고 말았다. 오히려 70대는 노인 측에 끼기가 멋쩍은 시대가 되었다.

　초가을 산들바람에 엉덩이가 들썩거린다. 나 혼자 무작정 백봉산 자락에 숨은 듯이 내려앉은 묘적사를 찾았다. 여름이면 계곡물이 시원해서, 마음이 울적할 때는 부처님에게 속마음을 털어놓고 구원받고 싶어서 이따금씩 찾는다. 산행하면서 마음까지 다스리는 데는 더없이 좋은 성지이다.

　경내 연못가에서 한가롭게 노니는 금붕어 떼를 벗 삼아 초가을 정취를 함께 즐기는데, 웬 까무잡잡한 피부에 얼굴에는 주름살이 깊은 건장한 등산객이 다가오더니
　"예봉산을 가려고 하는데 어디로 갑니까?"
하고 가는 길을 묻는다. 핸드폰을 아무리 뒤져봐도 알 수가 없다면서 도움을 청하는 것이다. 그때가 10시쯤 되었는데 이른 아침에 천마산 정상을 찍고 백봉산을 거쳐서 예봉산을 가는 중

이란다. 산은 험하고 거리는 먼데, 힘들지 않으냐고 물었더니, 이제 겨우 칠 학년 팔 반인데 무슨 소리냐고 응답하는 목소리가 카랑카랑하다.

"뭐라 고요?, 몇 살이라고요?"

눈이 휘 둥그레 지면서 나도 모르게 입이 딱 벌어졌다.

"아직 80도 안 되었는데 뭘"

하면서 한술 더 뜬다. 가는 길을 잘 모른다고 했더니 고개를 갸우뚱 하면서 자리를 떠났다. 서둘러 떠나는 산악인의 뒷모습을 보는 순간 풀리지 않는 의문이 머릿속을 스쳐 갔다. 그 나이에 저런 힘이 어디서 나올까?

경기도 남양주시에 있는 천마산, 백봉산, 예봉산은 높이가 600고지가 넘는 험준한 산이다. 세 봉우리를 오르내리자면 전문 산악인도 힘들 텐데 오전 나절에 완주를 하다니, 강인한 철인이나 나이를 뛰어넘은 슈퍼맨을 보는 듯했다. 노익장의 실체를 보는 것 같아서 존경심마저 들었다.

놀라운 일은 그뿐이 아니다. 인도의 어느 촌락에서 74세 할머니가 하나도 아닌 쌍둥이를 출산했다는 기사가 그것이다. 장수시대에 그 나이는 이상할 것도 없지만 흔한 일이 아니기에 상식을 깨는 빅 뉴스였다. 가임은 젊은 여성들만의 전유물이라고 믿은 내 고정관념이 일시에 무너지고 말았다.

나이를 잊고 사는 사람 중에는 왕성한 사회활동을 하는 인물이 많다. 연예계의 대부인 국민 MC '송해'님, 철학자요, 교육자인 '김형석'님은 백세를 코앞에 두고 있지만, 젊은이들 못지않게 현장을 누비고 있다. 또 고령인데도 시청자의 가슴을 파고드는 브라운관의 주인공도 적지 않다. 그들의 풍부한 연륜, 무르익은 노련미, 중후한 연기는 보는 이의 마음을 사로잡기에 부족함이 없다.

그런가 하면 정년퇴직 후 방황할 때 내 손을 꼭 잡아준 사부가 있다. 바로 타이완 작가 '자오무어'님이다. 그는 87세에 대학에 입학하고 98세에 석사학위를 취득한 대기만성의 산증인이며 최고령자로 기네스북을 장식한 학구파의 한사람이다. 또 그가 쓴 명작 붓글씨가 대영박물관에 소장된 서예의 대가이기도 하다. 무엇보다 백 살의 노령에 자기 일생을 응축한 '유유자적 100년'이란 책을 펴낸 평범하지만 비범한 작가이다. 나에게는 삶의 표상이요 정신적 지주라 할 수 있다.

짙게 깔린 저녁노을에 사찰경내를 거닐면서 부처님에게 여쭈어 보았다. 장수의 비결은 무엇이며 백세를 사는 지혜는 어디서 구하는지. 내 물음이 부질없어 보였는지 실눈에 미소만 지었다. 그 해법은 내 안에 있으니 스스로 깨달으라는 눈치였다.

늦었다고 생각할 때가 가장 빠르다는 말이 있다. 앞날을 가늠하기 어렵지만, 나이를 잊고 사는 위인들을 거울삼아 내 삶을 진솔하게 엮어나갈 생각이다. 2019. 9.

05
나만의 잡설

헤픈 눈물
깜박 증
외톨박이
운전대와 거친 말
풀리지 않는 주차난
차와 맺은 인연
넋 놓고 살다
팔자소관
민머리
예뻐지기
기록 경신

헤픈 눈물

조그마한 샘에서 끊임없이 흘러나온다. 크기로 치면 이보다 작은 샘은 없지만 물이 마르는 경우는 거의 없다. 자극이나 감동을 받으면 더 많이 나온다. 아무리 퍼내도 고갈되지 않고 몸에 이상이 생기지도 않는다. 오히려 기분전환이 되거나 마음이 후련한 경우가 많다. 아마 진물을 그리 많이 흘린다면 치료를 받아야 할 것이다. 눈물은 감정표현은 물론 온갖 사연을 간직한 미스터리한 액체일 뿐만 아니라 사람을 웃고 울리는 요술쟁이라 할 수 있다.

눈물이 어떤 생리작용을 하는지 내 짧은 상식으로는 가늠하기 어렵지만, 성분은 대부분이 물이며 단백질이나 나트륨이 함유된 알칼리성 용액이라고 한다. 눈물은 눈이 제 기능을 다 할 수 있도록 보조역할을 충실하게 수행한다. 산소나 영양분을 운반하기도 하고 이물질이 침투하지 못하도록 보호막을 치는가 하면 항균작용까지 하는 생명수라 할 수 있다.

나는 두 딸이 결혼하는 기쁜 날 닭똥 같은 눈물이 펑펑 쏟아졌다. 눈물보가 터졌는지 콧물까지 뒤섞여서 그칠 줄 모르고 흘러내렸다. 잔칫집에 손님을 초청해놓고 초상이라도 난 것처럼 목 놓아 울었다.

TV를 볼 때도 그런다. 같은 화면을 보면서도 남들은 멀쩡한데 내 눈은 이미 충혈 되고 고인 눈물은 소리 없이 볼을 적신다. 특히 정의롭거나 의협심이 강한 장면이 나오면 나도 모르게 하염없이 흘러나온다. 부정적인 것보다는 긍정적인 것이, 악한 일보다는 선한 일이 눈물샘을 더 자극하는 것 같다.

또 직장동료나 동네 지인들의 결혼식에 주례를 보면서 감정에 목메어서 울먹인 적이 있다. 식장이 어수선해서 얼버무려 넘겼으니 망정이지 난감할 뻔했다. 지금은 예식장이 신혼부부의 탄생을 축하하는 축제 분위기이지만 예전에는 이별 아닌 이별 앞에서 가족들이 눈물을 훔치기도 했는데, 나까지 거들었으니 가관이 아닐 수 없었다.

얼마 전에는 작은 서책을 출간하면서 조촐하게 출판기념회를 가졌다. 그 자리에서 손님들에게 인사말을 하면서 작품의 한 구절을 읽었는데, 사별한 아내와 관련된 내목이 나오사 가슴이 뭉클하고 울컥하여 더 이상 이어갈 수가 없었다. 숙연한 시간이 속절없이 흐르자 사회자가 재치 있게 분위기를 알아차리고 나머지 부분을 대신 읽어나갔다. 그렇게 돌발 상황은 친구의 기지로 수습되었지만, 실수가 마음에 걸려서 내내 심기가 편치 않았다.

그런가 하면 감정과는 무관한 '악어의 눈물'도 있다. 위선자의 거짓 눈물, 동정심을 얻기 위한 눈속임 눈물을 흔히 악어의 눈물이라고 하는데, 내가 복받쳐 흐르는 눈물과는 결이 다른 것 같다.

소심한 성격이 눈물로 변했는지, 내 말을 듣지 않는 눈물샘이 하나 더 있는지, 아직도 아기 티를 벗지 못한 것은 아닌지, 걸핏하면 눈물보가 터지는 것을 보면 나 자신을 알 수가 없다. 박달나무처럼 강단 있는 대장부라고 자부하다가도 이런 때는 나약한 졸장부가 되고 만다. 원인을 알면 처치라도 하련만 무슨 조화인지 알 수 없으니 모른 대로 살아야겠다.

기쁨과 슬픔은 서로 다른 감정이라 눈물샘도 달라야 할 텐데 같은 샘에서 나오니 쉽사리 납득이 가지 않지만 괘념치 않으려고 한다. 우리 몸의 신비스러운 신체기능을 어찌 세 치 혀로 나불댄단 말인가. 그저 수정같이 맑은 눈물이 눈빛을 초롱초롱 빛나게 해주기를 바랄 뿐이다.

눈물이 많은 사람은 인정이 많고 메마른 사람은 비정하다고 한다. 인정머리 없는 사내더러 피도 눈물도 없는 놈이라고 욕하는 것을 보면 그럴 법도 한데, 고개가 갸우뚱해지는 것은 왜일까? 나는 눈물은 넘치지만 정이 많다는 말을 들어본 적이 별로 없기 때문이다. 이래저래 눈물은 진면모가 베일에 싸여서 궁금증만 더해간다.

눈물 때문에 체면이 구겨진 때가 한두 번이 아니다. 그래도 지금껏 탈 없이 살았는데, 이제 와서 고치려 든다면 무슨 변고가 생길지 모른다. 헤픈 눈물이 멎으면 동티가 날지도 모르니 생긴 대로 살아야지 어찌하겠는가. 2019.7

깜박 증

 잊고 사는 것이 속이 편할지도 모르겠다. 온갖 기억을 모두 끌어안고 산다면 숨이 막혀서 못살 것이다. 오늘도 웃고 살 수 있는 것은 신이 준 깜박 증 덕분이라 생각한다.

 예로부터 보신탕이나 삼계탕은 기력을 보충하는데 좋은 음식이라 해서 즐겨 먹었다. 특히 삼복더위에는 이런 보양식을 찾는 사람들이 많았다. 나도 여름을 나는데 몸보신을 하고 싶어서 육고기를 사려고 경동시장을 찾았다. 전에도 구입한 적이 있어서 들렀더니 반갑게 맞아주었다. 나이가 지긋한 정육점 주인이 고기를 꺼내놓고 부위별로 맛 자랑을 늘어놓았다. 뒷다리는 살이 쪄서 먹음직스럽지만 앞다리나 목, 갈비가 맛이 좋다고 했다. 기력을 돋우는 데는 이만한 보양식이 없다는 주인의 말에 응수하다가 싸주는 고기 뭉치를 들고 나오면서
"많이 파세요. 다음에 또 올께 요"
하고 웃음으로 인사를 주고받으면서 가게 문을 나왔다. 주인은 고기를 팔아서 신이 나고 나는 맛좋은 부위를 사서 흥에 겨워 콧노래를 부르면서 돌아오는데 무언가 개운치 않은 느낌이 순간 머리를 스쳐 갔다. 값을 지불하지 않고 온 것이다. 10만 원

이 넘는 적지 않은 금액인데, 푸줏간 주인도 나도 대화에 정신이 팔려서 계산을 깜빡 잊어버린 것이다.

고깃값을 줄까 말까? 가슴이 콩닥거린다. 도둑질도 하는데 그냥 먹고 말지 뭘. 이 돈이면 한 번 더 사 먹을 수 있을 텐데. 가게 주인 말고는 아무도 모르니 눈 딱 감아 버려야지. 아니야 마음이 찔려서 목에 걸릴 거야. 양심의 가책이 두고두고 나를 괴롭히겠지. 온갖 잡귀가 머리를 흩으러 놓았다. 시간 끌면 돈 욕심이 발목을 잡을까 봐 곧바로 차를 몰고 집을 나섰다. 사심이 양심을 넘볼까 봐서 가는 동안 아무 생각도 하지 않기로 했다.

가게 문을 들어서니 주인장이
"왜 또 왔어요? 더 필요한가요?" 하고 물었다.
"고깃값을 주려고 왔습니다. 왜 돈 달라고 하지 않았나요?" 했더니 깜짝 놀라면서
"그래요, 돈을 안 받았던가요?" 하고 되물었다.
그때서야 알아차렸는지 오히려 겸연쩍어 하면서 고맙다는 말을 연신 했다. 무슨 횡재나 만난 것처럼 어쩔 줄을 모르면서 내 상노 싹둑 살라서 한 사발 님으로 주있다.

이 광경을 바라보던 옆 가게 아주머니가 요즘 세상에 저런 양심을 가진 사람은 처음 본다면서 칭찬을 아끼지 않았다. 따지고

보면 당연히 지불해야 할 물건 값인데 내 잘못으로 이런 사단이 벌어졌으니 오히려 내가 송구스러워해야 하는데 말이다. 아무튼 돈을 치르고 나오는데 마음이 홀가분했다. 무슨 의로운 일이나 한 것처럼 의기양양한 기분이 들었다. 잠시 전에 품었던 온갖 번뇌가 눈 녹듯이 녹아내렸다.

엊그제도 황당한 일이 벌어졌다. 친우들과 점심식사를 하려고 낯익은 식당에 들어갔다. 들고 간 손가방은 옆 빈 의자에 놓고 밥상머리에 둘러앉아서 도란도란 이야기를 나누면서 식사를 했다. 이곳은 뷔페식당이라 먹고 싶은 음식을 고르기도 하고 들랑날랑하면서 배를 채우는 재미가 쏠쏠해서 자주 이용하는 음식점이다. 식사를 마치고 자리를 옮겨서 커피를 마셨다. 밥 먹으면 커피타임을 갖는 것이 우리네 식습관이라 자연스럽게 그리했다.

우리 일행은 만난 지 두 시간여 만에 헤어졌다. 집에 가려고 차 문을 열고 보니 손가방이 보이지 않았다. 차 안에 있는 줄 알았는데 어찌 된 일일까. 아무리 기억을 더듬어 보았지만, 점점 미궁 속으로 빠져들었다. 그 안에는 돈지갑, 핸드폰, 각종 카드, 중요한 서류가 들어있는데 분실했으면 어쩌나, 머리가 멍해지면서 가슴이 철렁 내려앉았다. 우선 내가 머물렀던 곳을 찾아보기로 했다. 먼저 식당으로 달려갔다. 마음이 급하다 보니 옆

어지면 코 닿을 거리인데도 멀기만 했다. 식당 문을 열기 바쁘게 다짜고짜 주인에게 손가방을 보았느냐고 물었다. 영문도 모르는 카운터는 눈이 휘둥그레지면서 모른다기에 조금 전에 식사했던 식탁을 둘러보았다. 인연의 끈이 질겼는지 손 타지 않고 모퉁이 의자에 그대로 놓여있었다. 반가운 나머지 가방을 덥석 껴안았다. 손가방도 기다렸다는 듯이 내 품에 찰싹 달라붙는 느낌이었다. 그제야 긴장이 풀리고 깊은 숨이 뿜어져 나왔다. 식당에 두고 온 것을 까마득히 잊어버리고 허둥거린 내가 한스러웠다.

 깜박 잊으면 마음이 편할 때도 있지만 손해를 보거나 낭패를 당하는 경우도 있다. 그래서 깜박 증을 필요악이라고 하는지도 모른다. 무드셀라 증후군처럼 나쁜 기억은 잊어버리고 좋은 생각만 간직해 두었다가 필요할 때 꺼내 쓰면 얼마나 좋을까.

2019.7.

외톨박이

　가족이 모두 내 곁을 떠났다. 타고난 운명인지, 인복이 없는지 알 수 없지만 홀로 사는 신세가 되었다. 나만 두고 떠나는 그들의 심정이 오죽하겠는가마는 내 마음도 허전하기는 마찬가지이다. 떨어진 거리만큼이나 정도 저만치 멀어져야 할 텐데, 눈에서 멀어지면 마음도 멀어진다는 속담은 나한테는 예외인 것 같다.

　부인은 무엇이 그리 급했는지 오십 중반에 유명을 달리했다. 둘째 딸은 아내보다 먼저 미국으로 이민 갔다. 갈 때는 섭섭했지만 동시에 뿌듯한 마음도 들었다. 남들이 자식 자랑하느라 침이 마를 때 나는 풀이 죽었는데 자랑거리가 생겼기 때문이다. 또 얼마 전에는 큰딸마저 제 동생 따라 훌쩍 떠나버렸다. 자녀 교육 때문이라지만 허전함은 작은딸에 비할 바가 아니었다. 그래도 가까이 살면서 자식 노릇을 톡톡히 했는데, 그 빈자리가 너무 컸다. 1남 2녀의 맏이로 태어나서 제 살림에 나까지 챙기느라 손에 물기 마를 날이 없었지만 내색 한 번 하지 않은 곰 살맞은 여식이었다. 큰 뜻을 품고 장도에 오르는 맏딸을 쌍수로 환송했으나 서운한 마음까지 함께 보낸 것은 아니다. 자식들은

다 같다고 하지만 막내아들을 생각하면 유난히 마음이 아린다. 아들놈이 저지른 잘못을 뒷감당하느라 적잖이 속을 썩였기 때문이다. 미워하고 원망도 했지만, 천륜을 어찌하겠는가? 양심에 찔렸는지 집을 나가 소식을 끊은 지 오래다. 눈에 보이지 않으니 잘 있겠지, 그리 여기지만 가슴은 가시에 찔린 듯 아프다. 어디 있든 마음을 다잡고 보란 듯이 잘 살았으면 좋겠다.

내 곁을 떠난 것은 이뿐이 아니다. 야위고 비루먹은 유기견을 대려다 같이 산 적이 있다. 처음에는 낯설었는지 앙칼스러웠지만 한 식구로 정들다 보니 온순 이가 되었으며 이름도 그에 걸맞게 '새순'이라 불렀다. 그렇게 우리 둘은 외로움을 함께 달래면서 의지하고 살았는데 어느 날 홀연히 저 세상으로 떠나버렸다. 늙고 병들어 피골이 상접한 새순이의 몰골이 지금도 눈에 밟힌다.

착잡한 심정에 한숨이 나오는데 옆에 있는 친구는 남의 속도 모르고 가족 자랑을 늘어놓는다. 가족들의 웃음소리가 집안 가득 차고 넘치면 밥을 먹지 않아도 배가 부르다고 한다. 가정의 화목은 눈지방이 닳도록 드나드는 식구들의 발소리에 달려있다면서 '가화만사성'을 입에 달고 산다. 그런 친구가 부럽기도 하지만 외톨이의 애환을 헤아리지 못하는 것 같아서 섭섭할 때도 있다.

이제 달랑 나 하나 남았다. 더 이상 떠날 사람도 머물 사람도 없다. 더는 떠난 식구들에게 연연하지 않을 것이며 미련, 집착도 모두 내려놓아야겠다. 가족으로부터 초연하기가 쉽지 않지만 버리지 않으면 마음 편히 살 수 없을 것 같아서 그런다.

그렇다고 외톨이 신세타령만 하기는 시간이 아깝지 않은가. 혼자라서 허전하고 쓸쓸하지만, 글도 쓰고 깊은 명상에 잠기거나 거실의 화초와 대화를 나누면서 내 방식으로 고독을 친구삼아 심심소일한다. 가족의 굴레에서 벗어난 자유랄까, 가끔은 홀가분할 때가 있다. 무엇보다 시간과 공간이 주는 한적한 분위기를 오롯이 누리다 보면 외로움이 저만치 달아나기도 한다.

하지만 불쑥 찾아오는 고독감을 내치기가 쉽지 않을 때가 있다. 집안이 휑하고 찬바람이 부는 것은 사람의 온기가 없기 때문이 아니겠는가. 조물주가 인간은 아울러 살라고 했는데, 내 의지와 무관하지만 그 계시를 위반했기 때문에 받는 벌이 아닌가 싶은 생각이 든다.

어찌하면 외톨박이 신세를 면할 수 있을까? 신에게 물어보았지만 아직도 묵묵부답이다. 2019. 8.

운전대와 거친 말

트럭 운전사가 내뱉는 욕을 바가지로 얻어먹었다. 좁은 뒷골목에 대형차가 진입해서 교통이 마비되었다고 한마디 한 것이 화근이었다. 보통은 운전하다 작은 실수라도 하면 묵례를 하거나 손 인사를 하는 것이 관례인데, 방귀 뀐 놈이 성낸다고 제 잘못은 접어둔 채 듣기 민망한 거친 말을 쏟아 부었다.

중년으로 보이는 그 운전사는 얼굴이 가무잡잡하고 목소리가 걸걸한 것이 씨름판의 장사처럼 생겼다. 위아래도 몰라보고 말보다 주먹을 앞 세우는 불량배 같아서 겁이 덜컥 났다. 만에 하나 윽박이라도 지른다면 꼼짝없이 당하고 말 텐데 무슨 수로 대응하겠는가. 날벼락이라도 맞을까 봐서 입을 딱 봉하고 있었다.

장도 보고 시장도 구경할 겸 차를 몰고 동네 재래시장에 들렀다. 시장 주변 도로는 좁은 데다 길가에 차들이 주차해 있어서 통행하기가 조심스러운 곳이다. 그런데 그 길에서 폐품을 가득 실은 대형트럭과 마주쳤다. 둘 중 한쪽이 비켜주어야 할 판이다. 기 싸움해야 질 것이 뻔하기에 꼬리 내리고 30여 미터를 후진했다. 그사이에 차들이 몰려들어 꼼짝할 수 없는 상황이 벌어졌다. 일부 운전사들이 교통정리를 하고 서로 협조해준 덕분에 정체가 해소되었지만 혼쭐이 났다.

 운전하면서 얻어먹은 욕은 이번이 처음이 아니다. 가끔 차를 몰고 2차선 도로를 달리다 보면 갑자기 뒤차가 따라붙어서 비상등을 깜박이거나 클랙슨을 울려댄다. 길을 내주려고 갓길로 나가면 잽싸게 추월하면서 빨리 비키라고 눈을 부릅뜨고 쏘아붙인다. 젊은이 중에 그런 경우가 많다. 또 앞차와 안전거리를 유지하고 달리면 끼어드는 차량 때문에 신경이 곤두서는데, 거기다 깜박 등도 켜지 않고 새치기하는 얌체 짓을 보면 부아가 치밀기도 한다. 고속도로에서도 언짢은 일을 당할 때가 있다. 나는 다른 차들과 경쟁하기 싫어서 끝 차선을 이용하는데 뒤차가 쏜살같이 달려와서 경적을 울려댄다. 그런 때는 불안한 마음도 잠시 속으로 한마디 한다. 5분 빨리 가려다가 50년 먼저 간다고. 따지고 보면 차량의 흐름이 원활하도록 진행속도를 조절해야 하는데 그렇지 못해서 소통을 방해하고 만 꼴이라 내 잘못이 없는 것도 아니다.

 평소에는 점잖은데 운전대만 잡으면 거친 말을 하거나 욕쟁이로 변하는 사람이 있다. 운전을 잘못 배웠는지 성격 탓인지 알 수 없지만, 교통사고로 이어질 수도 있는 잘못된 운전습관이 아닐 수 없다. 나는 나름대로 차분하게 운전을 하는 편인데도 어떤 경우에는 화가 치밀거나 욕설을 내뱉기도 한다. 제 눈에 들보는 보지 못하고 남의 눈에 티끌만 보는 나 자신에게 그들과 무엇이 다르냐고 반문해본다.

거북이 운전 때문에 동승한 사람이 제발 좀 시원하게 달리라고 핀잔을 줄 때가 있다. 차는 스피드가 생명인데 나만 슬로우 운전을 하니 답답해서 하는 말이겠지만 몸에 배어서 그런 것을 어찌하겠는가. 차를 몰고 나오면 뒤차는 비켜달라고 성화를 부리고 나는 양보하기 바쁜, 도로 위에서 웃지 못할 진풍경이 벌어지기도 한다.

욕을 많이 얻어먹으면 오래 산다고 하니 운전대를 놓고 싶지 않다. 그래도 운전대를 놓을 시간이 다가오니 거친 말도 달갑게 들어야겠다. 2020. 11.

풀리지 않는 주차난

 도시의 작은 틈새에 낮은 산으로 둘러싸인 촌락이다. 좁고, 구불구불하여 차량이 드나들기 힘든 길이 대부분이다. 공터가 많아서 농사도 짓고 주차장으로 쓰기도 한다. 서민들이 많이 사는 지역이라서 소형트럭이나 짐차가 많은 편이다. 대부분 집은 차는 있지만 차고가 없다. 그러다 보니 길은 동네 주차장으로 변했으며, 도로가 좀 넓다 싶으면 이중주차가 다반사다. 불편하지만 불평하는 사람은 거의 없다. 여기서만 통하는 암묵적인 주차난 해소책이다. 이곳은 내가 사는 산골 마을 딸기원이다.

 우리 동네를 벗어나도 사정은 별반 다르지 않다. 가끔 차를 몰고 장을 보러 가기도 하는데, 세울 곳이 없어서 시장 주변을 서성거리기 일쑤다. 할 수 없이 으슥한 뒷골목이나 도로변의 빈자리에 슬그머니 세우는 경우가 많다. 일을 하다 보면 시간이 다소 걸릴 때가 있는데, 대다수는 차를 빼달라고 전화를 주지만 다짜고짜 신고하여 불법 주차스티커를 붙여놓는 사람도 있다. 이런 때는 내 잘못은 접어둔 채 너무 야박하다고 투덜대거나 애꿎은 차를 원망하기도 한다.

공직생활을 할 때, 그러니까 1980년대 후반으로 기억된다. 차량증가로 주차난이 심각한 데다 주차시설이 거의 없는 시절이었다. 그때는 뒷골목이나 상가 주변은 물론 인도, 차도 가리지 않고 차를 세우는 곳이 주차장이었다. 내가 가해자이면서 동시에 피해자가 되는 형국이었다.

주차문제로 민원이 빗발치자 당국에서 불법 주차단속에 나섰다. 일선 공무원들에게 그 업무를 떠맡겼으며 나도 그들의 틈에 끼어 총대를 메고 단속업무에 나섰다. 당국은 별다른 대책도 없이 개인별, 부서별로 경쟁을 시키는가 하면 우수한 직원에게는 시상하고 저조한 자에게는 불이익을 주는, 채찍과 당근을 미끼로 실적을 올리는 데만 혈안이 되었다.

이러다 보니 길거리에 있는 주차위반 차량은 가리지 않고 단속대상이 되었다. 심지어는 차주가 잠깐 비운 사이에 딱지를 붙이고 도망가듯 줄행랑을 치기도 했다. 내가 겪은 고초는 이것이 전부가 아니었다. 차주와 숨바꼭질하기 일쑤였으며 부딪히면 실랑이를 벌이거나 멱살을 잡고 싸우는 일이 허다했다. 승자도 패자도 없는 소모전이 벌어졌으며 억울한 사람들이 속출했다. 과태료 처분은 물론 견인 조치하면 추가비용까지 물어야 했기 때문이다. 시민의 사정을 외면한 탁상행정도 문제지만 차량 소유자들의 무단주차의식을 지적하지 않을 수 없다.

마구잡이식으로 주차단속을 밀어붙이는 바람에 원성이 자자해지자 당국은 주민과의 대결국면에서 협조관계로 전환했다. 지금은 유명무실하지만, 차량 2부제나 10부제, 승용차 요일제를 시행했다. 그 후에 주민이나 이용자의 편의를 위해서 주택가 이면도로에 거주자 우선주차제를 대대적으로 시행하고 있으며 다중시설물에는 부설주차장이나 공영주차장을, 역사 주변에는 환승주차장을 설치하여 누구나 편히 이용할 수 있도록 주차공간을 확충하고 있다. 그런데도 차량의 증가속도가 가파르다 보니 주차난은 아직도 해결의 실마리가 보이지 않는다.

자동차는 필요한 생활용품이지만 불편한 점이 한둘이 아니다. 그중에도 주차문제는 차량 홍수 시대를 사는 우리 모두의 골칫거리라 할 수 있다. 풀리지 않는 주차난은 이웃사촌마저 등을 돌리게 하는 지경에 이르렀다. 내가 주차하면 괜찮고 네가 하면 안 되는, 내로 남 불의 전형을 보는 듯하다. 집만 나서면 애물단지가 되는 현실은 누구도 아닌 내 탓으로 돌려야 할 것이다.

내 차는 오늘도 주차할 곳을 찾아서 동네 길거리를 기웃거리고 있다. 2021.3.

차와 맺은 인연

이번이 여섯 번째이다. 운전한 지 25년쯤 되니 4년에 한번 꼴인 셈이다. 새 차 헌차 가리지 않고 마음에 들면 바꾸다 보니 그리되었다. 경솔한 일처리도 한몫 했다고 본다.

95년에 처음으로 새 차를 샀다. 운전 연습도 할 겸 출퇴근하려고 면허증을 따자마자 구입했다. 난생처음으로 내 차를 타고 달리는 기분은 날아갈 듯 상쾌했다. 그런데 설렌마음은 오래가지 못 했다. 어느 해 여름에 들뜬 마음을 안고 가족들과 지리산 계곡으로 피서를 떠났다. 남원을 지나 어디 메쯤 신나게 달리는데 앞에서 오던 트럭이 갑자기 좌회전하는 바람에 꽝 부딪히고 말았다. 브레이크를 밟았지만 이미 늦었다. 화물차는 논바닥으로 굴러 떨어지고 내 차는 삼백육십도 회전한 체 길가에 멈춰 섰다. 모두가 가벼운 부상을 입어 다행이었지만 차는 심하게 부서져서 폐차처리 했다. 그렇게 첫 번째 차는 불행한 상처만 남기고 헤어졌다.

차는 있어야 하는데 살까 말까 망설이고 있을 즈음에 직장동료가 쓰던 차를 그냥 주겠다고 해서 고마운 마음으로 건네받아

사용했다. 그렇지만 타다 보니 워낙 낡은 데다 위험성이 있어서 2년 만에 폐차했다. 공짜라고 덥석 받은 것이 큰 실수였다.

　이제는 새 차를 사야겠다고 마음먹고 지인의 소개로 대리점을 찾아갔다. 시장에서 물건 사듯이 점주의 설명이 끝나기 바쁘게 구입했다. 그런데 인연이 닿지 않았는지 함께 사는 동안 어지간히 속을 썩였다. 처음부터 장애를 안고 태어났는지 타는 내내 수리하기 바빴다. 엔진의 중요 부위를 통째로 교체하기도 하고 의자나 문짝, 백미러 등 어느 것 하나 손보지 않은 데가 없다. 그렇게 5, 6년 씨름하다가 지쳐서 폐기처분을 했다. 세 번째 차도 마음고생만 하다가 갈라섰다.

　현직에서 물러났으니 이제 차 없이 살아보려고 마음먹었지만 쓰던 습관을 쉽사리 바꿀 수가 없었다. 어찌했으면 좋을지 친구들에게 물었다. 중고차를 사라고 권했다. 그들 말에 귀가 솔깃해서 남이 쓰던 LPG 차를 구입했다. 무엇이 그리 급했는지 살펴보지도 않고 덜컥 샀다. 1년쯤 탔는데 증상이 나타나기 시작했다. 완만한 언덕길도 할딱거리느라 숨이 차고 시동이 자주 꺼지는가 하면 알 수 없는 고장이 빈번했다. 사람으로 치면 중환자나 다름이 없었다. 불안하고 정떨어져서 타기가 싫어졌다. 네 번째 차도 마음에 앙금만 쌓인 채 결별했다.

이번에는 좋은 차 만나겠지, 요행을 바라면서 답십리 중고차 매매시장으로 발길을 옮겼다. 역시 친구들 등쌀에 끌려가다시피 했다. 온 장안의 중고차는 다모인 것 같았다. 중개인도 바글바글 했다. 그중에 한 딜러를 만나서 하이브리드 차를 구매했다. 전기와 기름을 혼용하므로 연료비가 적게 든다는 말에 홀딱 넘어가고 말았다. 신중하지 못한 것은 매 마찬가지였다. 차는 별 이상은 없는데 방전이 자주 일어나서 그때마다 A/S를 받아야 하니 비용도 들고 불편하기 이를 데 없었다. 날씨가 추우면 더 심했다. 알고 보니 매일 30분 이상 운행해야 그런 현상이 발생하지 않는다는 것이었다. 별로 쓸 일이 없는 나에게는 짐이 되었다. 흠결 없는 차가 어디 있다고 또 트집을 잡아서 3년 만에 다섯 번째도 헤어지고 말았다.

마음먹으면 참지 못하는 성미인지라 또 중고차 판매장에 가서 앞전에 거래했던 중개인을 만났다. 이번에는 친구들 몰래 나 혼자 갔다. 지금까지 경험을 살려서 꼼꼼히 살피고 따졌다. 시험주행은 물론 성능도 점검했다. 새 차도 결함이 있는데 이 정도면 되겠다 싶어서 추가비용 없이 사용하던 차와 맞바꾸었다. 이번이 여섯 번째 만난 소형차였다.

생활 도구인 차는 거짓을 숨기지 않는데 원망의 화살을 차에게 돌리는 어리석은 짓을 저질렀다. 이 모두가 귀가 얇고, 줏대가 없고, 즉흥적으로 일을 처리하는 조급증에서 비롯되었다는 것을 이제야 깨달았다.

 나와 맺은 인연이 어찌 너뿐이랴 마는, 비록 중고매장에서 만났지만 마지막 연분으로 알고 더는 헤어지지 말자구나. 2021.5.

넋 놓고 살다

차단기가 내려져 있다. 드나드는 사람도 없고 주차장도 텅 비었다. 수위실 문도 닫혀있다. 모든 것이 멈춰버린 듯이 적막감만 감돌았다. 차를 멈추고 잠시 살펴보았다. 출입문 땅바닥에 코로나로 휴강한다는 조그마한 입간판이 눈에 띄었다. 기간도 구체적인 내용도 없었다.

그제서야 정신을 차리고 나서 노원문화원 수필교실 총무에게 전화를 걸었다. 만사 해결사는 총무님이라 궁금해서 다이얼을 돌렸다. 문화원이 쉬느냐고 물었더니 나왔느냐고 되물었다. 차마 나왔다는 말은 못 하고 얼버무렸더니 문화원에서 메시지며 카카오톡으로 공지사항을 알렸다고 한다. 평소 같으면 웃음 띤 이야기를 주고받았을 텐데 그럴 기분이 아니어서 몇 마디 나누고 끊었다. 다른 사람들은 다 알고 대처했는데 나만 태연하게 나왔다. 만약에 멀리 갔을 때 이런 일이 생겼다면 어찌 되었을까? 생각만 해도 아찔했다. 책가방이며 나를 태우고 말없이 달려온 차를 볼 면목이 없었다. 나 자신이 한심해서 화가 치밀었다. 그때서야 메시지를 본 기억이 떠올랐다. 아마도 나를 골려 주려고 기억이 잠시 마실을 간 것은 아닌지. 채팅방을 다시 확인하고 싶었지만 열어보지 않았다. 어차피 현장에서 내 눈으로 똑똑히 보았는데 무엇을 더 알아보겠는가?

 되돌아오는 발길이 이리 무거울 수가 없었다. 곧장 집으로 가기가 멋쩍어서 잠시 머물 곳을 찾다가 스케줄에도 없는 중랑구청으로 차머리를 돌렸다. 불쑥 얼굴을 내밀기가 조심스러웠지만 그래도 알고 지내는 후배 동료를 찾아갔다. 이곳도 코로나 때문에 어수선했다. 불끈 쥔 주먹으로 악수하고 차 한 잔 나누면서 오늘 벌어진 일을 털어놓았다. 웃음 섞인 이야기를 나누다 보니 처진 기분이 되살아났다. 나는 빈손으로 갔는데 나오면서 필요한 수첩과 보건용 마스크 10장을 얻어왔다. 문화원에서 문전박대를 당하고 여기서 환대를 받다았으니 샘 샘이란 생각도 들고 어이가 없어서 또 한 번 피식 웃었다.

 넋 놓거나 깜박하는 것은 누구나 겪는 흔한 일이다. 지하철이나 버스를 타고 다니다 보면 내려야 할 정류장을 지나치고 마는 경우가 있다. 또 무얼 하려고 건넛방으로 갔는데 그 무엇을 잊어버리고 멍하니 서 있는가 하면, 좋은 생각이 떠올라서 메모하려고 서재에 갔다가 연필도 잡아보지 못하고 방을 나오기도 한다. 곰곰이 머릿속을 뒤지다 보면 되살아나기도 하지만 떠오르지 않는 경우가 많다. 구별 없이 혼용되는 말 중에는 건망증이나 망각, 넋을 놓거나 깜박하는 것들이 있는데 이 모두가 기억이 순간 지워지는 경우라고 봐야 할 것이다. 나이를 먹거나 심신이 나른해지면 이런 증상이 더 기승을 부리기도 한다.

어느 유명한 작가의 건망증을 이야기하다가 웃은 적이 있다. 30여 년 동안 심혈을 기울여 쓴 책을 출간하면서, 출판기념일에 많은 손님을 초청해놓고 정작 주인공이 나오지 않았다고 한다. 전화를 받지도 않고 수소문을 해 보았지만 연락이 닿지 않아서 행사를 하지 못했단다. 많은 인사가 참석했을 텐데 넋 놓고 늦잠을 자는 바람에 그런 사달이 벌어졌다고 하니, 황당한 실수를 어찌 수습했는지 궁금하다.

넋을 놓다는 것은 제정신을 잃은 멍한 상태라 할 수 있다. 그리 본다면 잠자는 시간도 인지능력이 없기는 마찬가지이므로 평생의 반은 넋을 놓고 산다고 해도 과언은 아닐 것이다. 역설적일지 모르지만 오만 생각을 모두 마음에 품고 살면 머리가 미어터질지도 모르니, 근심·걱정은 잊고 필요한 생각만 간직하고 살면 얼마나 좋을까.

내가 넋을 놓고 문화원에 간 것도 따지고 보면 난데없는 코로나 때문이 아니겠는가. 그 전염병이 훼방을 놓지 않았으면 휴강을 할 리 없으며 나는 전과 다름없이 그 시간에 그곳에 갔을 것이다. 발단은 너지만 실수는 내가 했는데 네 탓으로 돌리려고 하니 남세스럽다는 생각이 든다.

 문화원에 문이 열리고 학우들이 다시 만나서 글공부하며 어울리는 날이 빨리 오기를 고대한다. 그리된다면 넋 놓고 간 것도 아름다운 추억거리가 될 것이다. 2020.6.

팔자소관

자고 일어나면 잠자리가 허전할 때가 있다. 들어줄 사람도 없는데 왜 이리 썰렁하냐고 혼잣말로 중얼거리기도 한다. 일어나기 싫어서 뒤척이다가 아침도 거른 채 주섬주섬 차려입고 산행길에 오를 때도 많다. 혼자라서 남의 눈치 볼 일 없고, 독신이라서 외로움을 벗 삼아 살아야 하니 팔자소관이 아닌가 싶은 생각이 든다.

부인은 일찍이 내 곁을 떠났다. 정년퇴직하고 하반기 인생살이를 설계하느라 꿈에 부풀었는데 청천 벽력같은 불행 앞에 마음을 접어야 했다. 자녀들도 나를 이웃사촌에 맡기고 멀찌감치 나가 산다. 그나마 전화 목소리라도 들어서 망정이지 구만리 떨어져 있으니 남남이나 다를 바 없다. 시골의 형수님 댁은 자손들이 문턱이 닳도록 드나든다. 무슨 할 말이 그리 많은지 그들의 카톡 방은 불이 난다. 90을 바라보는 형수님은 복 받은 노인네라고 동네 사람들이 부러워한다. 집안이 북적이는 형수님이나 적적한 나나 타고난 운명인 것 같다.

인간은 만물의 영장이라고 으스대지만, 한편으로는 나약한 존재임은 숨길 수 없는 사실이다. 그래서 누군가의 도움을 받거나 의지하고 싶어 한다. 개중에는 하는 일이 잘 안 풀리거나 앞날이 궁금하면 철학원이나 점술가, 무속인을 찾기도 한다. 어느 용한 점집에서 점을 보았더니 효험이 있다고 하면 신통한 점괘에 솔깃해진다.

  나도 하는 일이 술술 풀리기를 바라는 마음으로 점을 잘 본다고 소문난 역술인을 찾아갔다. 수수하게 차려입은 중년 여성이 반갑게 맞아주었다. 이곳에 온 까닭을 말하자 이름과 사주를 묻더니 손때 묻은 서책을 꺼내 들고 뒤적이면서 하는 말이 '문서 잡는 일'을 할 상이라고 했다. 작년에는 아픈 날이 많고 일이 꼬이는 액운이 끼었지만, 앞으로는 대운이 터질 거라고 했다. 궁금해서 문서 잡는 일이 무엇이냐고 물었더니 사무를 보거나 글과 관련된 일이라는 것이었다. 두루뭉술한 점괘지만 솔깃한 말에 귀를 쫑긋이 새우고 들었다. 작년에 몸무게가 급속히 줄고 잦은 감기, 몸살로 시달린 것은 물론 취미 삼아 글 쓰는 것까지 꼭 집어내는 것을 보고 족집게 도사라는 생각이 들었다. 그런데 얼굴에 화색이 가시기도 전에 고개가 갸우뚱해졌다. 만약에 안 좋은 일이 생기면 흰죽을 쑤어서 집 안 구석구석에 뿌리고 10원짜리 동전 5개를 사람들이 다니는 길바닥에 버리라는 것이었다. 잘 나가다가 삼천포로 빠지는 기분이 들었다. 하기야 점이라는 것이 점술인의 입맛에 따라서 이현령비현령이 될 수도 있으니 믿어야 할지는 각자의 몫이라 할 것이다. 그저 도움말로 삼거나 호기심을 푸는 재미로 여긴다면 점집을 찾는 발걸음이 부담스럽지는 않을 것이다. 앞으로도 철학원을 드나들지는 알 수 없지만, 운수가 트였다고 기뻐하지도 살이 끼었다고 울상을 짓지도 않을 생각이다. 그밖에도 행운, 액운 등을 늘어놓았지만 취사선택해서 들었다.

심오한 의미를 헤아릴 수는 없으나 팔자소관이나 운명은 타고난 운수를 말할 때 두루 사용하는 용어라 할 수 있다. 운명을 점치는 사람 중에는 팔자는 타고 태어났기 때문에 바꿀 수 없다고 한다. '팔자려니 하고 살아라, 아이고 내 팔자야, 팔자가 늘어졌다.'라는 말은 팔자에서 벗어날 수 없는 숙명을 뜻한다고 볼 수 있다. 또 어느 가수의 히트곡 '잘살고 못사는 건 타고난 팔자지만'의 가사도 필연적인 운명을 노래하고 있다. 그런 반면에 혹자는, 미래는 결정된 것이 아니고 마음먹기 달렸으니 뜻하는 바를 성취하려고 들면 팔자는 고칠 수 있다고 한다. 농사일이 농부의 손에 달려있듯이 운명도 제 하기 나름이라는 것이다.

나는 독배를 들라는 운명인지는 몰라도 인생 후반에 외로움을 달고 산다. 팔자는 만들어 가는 것이라면, 선객보다는 노잡이가 되어 넓은 바다를 누비고 싶다. 2022. 4.

민머리

나는 사람을 대하면 머리를 먼저 본다. 머리숱이 풍성한 사람은 한 번 더 쳐다본다. 곱슬머리나 더벅머리, 산발 머리에 땟국이 흘러도 상관없다. 머리가 없다 보니 열등감에서 오는 과민반응인 것 같다. 있는 사람은 모른다, 대머리의 비애를. '소갈머리 없는 사람, 주변머리 없는 사람' 하고 말들을 하면, 나를 두고 하는 것 같아서 마음이 움칫할 때도 있다. 하느님도 무심하지, 머리를 심어 달라는 것도 아닌데, 있는 머리마저 뽑아가다니.

몸에 흠 없는 사람이 얼마나 있겠는가. 미남 미녀도 자기만의 숨기고 싶은 흑점이 있기 마련이다. 그런 결점을 덮기 위해서 사람들은 갖은 방법을 다 동원한다. 화장품은 물론 가발에 성형 시술까지, 타고난 몸을 온전히 갖고 사는 사람을 찾아보기 힘들 정도이다. 예뻐 보이고 싶은 욕망은 본능이니 탓할 수도 없다.

사람뿐만이 아니다. 동물의 세계에서도 맨머리를 볼 수 있다. 아프리카 초원의 하늘을 지배하는 대머리독수리, 아메리카 고산지대의 창공을 누비는 콘도르, 열대지방의 습지를 종횡하는 대머리황새 등이 있다. 그들도 사람처럼 주눅 들지 않을까 싶었는데, 공연한 선입견이었다. 그들은 머리털이 없지만 먹이사슬의 정상에 있는 사나운 맹금류들이다. 내게도 그런 사박스런 기질이 있을까.

민머리는 지구촌 어디서나 볼 수 있는 흔한 증상이다. 그런데 그들을 보는 시선은 사뭇 다른 것 같다. 서양에서는 지성인이란 인식이 높은 반면에 우리나라는 부정적인 시각이 심한 편이다. 일반 사람들은 머리카락으로 갖은 멋을 부리지만, 탈모인은 머리를 감추기 바쁘다.

대다수의 민머리는 유전이나 호르몬 작용에 의한 탈모 현상이라고 한다. 나는 유전으로 보인다. 부모님이 준 선물 보따리에 소중한 머리카락이 빠진 것 같다. 4형제 중 나와 동생, 그리고 내 아들이 이어받았다. 30 후반부터 모발이 얇아지고 윤기가 사라지면서 탈모 증상이 나타났으며, 불과 몇 년 사이에 손쓸 겨를도 없이 이마 양쪽에서 M자형으로 시작하더니 정수리까지 파고들었다. 빗거나 감으면 만추에 낙엽 지듯이 한 움큼씩 떨어졌다. 치료나 관리가 어려운 탓에 속수무책으로 당하고 말았다.

머리숱이 줄어들수록 마음의 상처는 커져만 갔으며, 몰골이 이러다 보니 풀이 죽고 사람 앞에 나서기가 꺼려졌다. 지난 세월을 되돌아보면 머리가 주는 스트레스로 기죽어 지낸 날이 많앗던 것 같다.

　머리카락이 많든 적든 부모님이 물려준 대로 온전히 간직하고 사는 사람들이 있는가 하면 대부분 탈모인은 민머리에서 벗어나고 싶어 한다. 나도 대머리 탈출 작전에 안간힘을 썼다. 두피치료는 물론 모발 영양제를 복용하고 탈모방지용 샴푸를 사용하는 등 귀담아들은 것은 다 해보았다. 하지만 효험은 글쎄올시다 이었다. 그냥저냥 살까 고민도 해보았으나 자신이 없었다. 고심 끝에 가발을 착용하기로 했다. 가발은 말 그대로 가짜 머리이다. 눈가림을 할 수 있는 진짜 같은 가짜이다. 종류나 품질, 가격이 천차만별일 뿐만 아니라 정품, 불량품, 수입품까지 다양하고 잡다해서 고르기가 쉽지 않았다. 이런저런 제품이 눈길을 끌었지만 친구의 소개로 유명 브랜드상품을 구입했다.

　민머리의 변신은 움츠러든 마음에 생기를 불러일으켰다. 풍성한 머리털은 위축감을 일시에 날려버렸으며 남들 앞에 떳떳이 나설 수 있는 자신감이 생겼다. 젊어 보인다는 인사말에 희색이 돌고, 이웃들과 어울리는 표정도 밝아졌다. 마음이 흡족하다보니 웃는 날도 많아졌다. 거울 앞에 서기를 꺼렸는데, 오히려 거울을 보고 머리털을 손질하기 바빠졌다. 가발은 외모의 콤플렉스를 치유하는 데 그치지 않았다. 하절기 뙤약볕이나 동절기 한파에 맞서 머리를 보호하는 파수꾼 역할을 하였으며, 둘도 없는 친구가 되었다. 무엇보다 세월을 되돌려준 기쁨은 몇 푼짜리 가발이 준 최고의 선물이었다.

그런데 소원 풀이의 기쁨도 잠시, 흠집이 눈에 띄고 불편하기 시작했다. 가발은 전용 이발소만 이용해야 하니 편치 않을뿐더러 손질하기도 어렵고 시간도 많이 걸렸다. 수명이 짧고 비용이 만만치 않은 것도 부담이었다. 머리에 붙였다 떼었다 하는 번거로움은 물론 찢어지거나 구겨질라, 바람 불면 벗겨질라, 눈비 오면 젖을 라, 어느 것 하나 마음을 놓을 수가 없었다. 무엇보다 하절기에는 땀범벅이 된 가발과 씨름하느라 진땀을 빼야 했다. 상전을 이리 깍듯이 모셨으면 무얼 해도 한자리 했을 것이다.

그래도 다행인 것은 혼인 후에 탈모 증상이 나타났으니 망정이지 장가도 못들 뻔했다. 민머리 총각의 청혼에 화답할 처자가 얼마나 있겠는가. 자칫 궁상맞은 노총각 신세가 되었거나, 실의에 빠진 채 대머리 타령만 했을지도 모른다. 그나마 다행인 것은 풍성한 옆, 뒷머리가 얼굴을 밉지 않게 받쳐주고 있다는 것이다. 빗질을 하다 보면 감촉이 새삼스러울 때가 있다. 귀하디 귀한 머리카락이나 모니 소심스레 손질하고 염색도 하면서 신주 모시듯 가진 정성을 쏟는다.

가발과 씨름하는 사이에 세월도 함께 흘러갔다. 세월의 길이

만큼 주름살도 늘어났다. 누군가 나이는 숫자에 불과하다고 하는데 그 말이 착각이 아닌지 묻고 싶다. 가발도 10여 년 넘게 쓰다 보니 처진 모습이 추레하게 보이고 매력도 시들해지는 것을 느꼈다. 얼굴은 주름살이 늘어나는데 머리만 젊은이 흉내를 낸다면, 갓 쓰고 양복 입은 차림새나 다를 것이 무엇인가 싶어서 60 후반에 가발에 대한 열혈 집착을 내려놓았다. 철이 들었다고나 할까 외모보다는 내면을, 겉치레보다는 속치레에 눈을 뜨기 시작했다. 외모도 꾸며야 하지만 내면을 가꾸면 고운 마음이 투영되어 인간미가 좋아보인다는 것도 깨달았다. 그래서 가발을 미련 없이 벗어던졌다.

지금은 가발 대신 모자가 그 자리를 차지하고 있다. 모자도 색깔이나 모양, 재질이 다양해서 머리에 맞추기가 쉽지 않으나 사용하기 편리한 점은 가발에 비할 바가 아니다. 나는 개성 있는 등산모나 중절모를 쓰기도 하지만 외출하기 무난한 헌팅캡을 주로 사용한다. 무엇보다 가발이 주는 속박에서 벗어나 해방된 기분이다.

민머리 때문에 웃고 울었던 지난날을 돌이켜보면 부질없는 가슴앓이를 하지 않았나 싶은 생각이 든다. 남은 인생은 머리에 연연하지 않고 중후한 멋이 풍기는 노신사로 살고 싶다.

2023. 2.

예뻐지기

    얼굴에 점을 빼야겠다. 검버섯도 잡티도 모두 지우고 싶다. 친구들은 얼굴이나 목, 심지어 손등까지 미용 시술을 하고 깨끗한 살결을 자랑한다. 그들을 보면 자신감이 넘치고 생기가 돈다. 요즈음 성형수술이 추세이다 보니 내 생각도 많이 바뀐 것 같다.

    얼마 전까지만 해도 체격이 건장하고 터프한 생김새에 호방한 성격의 남성을 사내대장부답다고 부러워했다. 또 남성미의 대명사로 불리기도 했다. 그런데 요즈음은 여성들에 뒤질세라 겉치레는 물론 마음씨도 많이 달라졌다. 곱상하고 말쑥한 면모에 개성 있는 액세서리로 외모를 꾸미는 것은 물론 섬세하고 감성적인 내면을 한껏 연출하기도 한다. 그뿐만 아니라 시간이나 돈, 노력도 아끼지 않는다. 나이 지긋한 남정네들도 맵시를 자랑하는데 주저하지 않는다. 노년의 변신이랄까, 수려한 차림새가 젊은이들 못지않다. 개성 있는 세련미가 보는 이의 미음을 훔치고도 남을 만하다. 시대의 흐름이니 거스를 수도 없다.

    튼튼한 몸도 아름다움을 표현하는데 한몫을 한다. 그런 때문인지 많은 남성들은 멋진 몸태관리에 안간힘을 쏟는다. 병색이 짙은 얼굴에 오색단장은 예쁘기는커녕 측은한 마음만 불러일으킬 것이다. 길을 걷거나 산행을 하다 보면 근육질에 다부진 체격의 남성을 자주 보는데, 이성에 반한 것처럼 한 번 더 쳐다보게 된다. 넘치는 건강미에 탱탱한 몸매가 시선을 사로잡는다.

 미인의 기준은 때와 장소에 따라서 다른 것을 볼 수 있다. 옛날 중국에서는 여성들의 발을 동여매어 자라지 못하게 했으며 기우뚱거리면서 걷는 모습에서 성적매력을 느꼈다고 한다. 발이 작을수록 미인의 대우를 받았으며 전족 미인 선발대회도 열렸다고 전한다. 지금도 동남아 일부 국가에는 청동 고리를 휘감아 목이 긴 카렌족이 있는가 하면, 아프리카 오지의 멀시 족은 입술이나 귓바퀴에 원판을 끼고 산다. 목이 길거나 원판이 클수록 미인이라고 한다. 진정 아름다움의 표현인지, 관습에 얽매어 고통과 불편을 감내하는지 얼른 이해가 되지 않는다. 하지만 족쇄를 찬 미인이라 해도 전통을 지키는 마음씨에 경의를 표하고 싶다.

 미모의 산실이라 할 수 있는 이·미용실도 많이 변했다. 전에는 남자는 이용실, 여자는 미용실만 다니는 줄로 알았다. 그런데 지금은 그 벽이 무너졌다. 여성이 이용실을 가는 경우는 드물지만, 남성은 여성 못지않게 미용실을 이용한다. 오히려 젊은

이들은 미용실에 친숙한 편이며 어른들도 즐겨 찾는다. 거기에다 미용사까지 남성들이 차지하고 있다. 늘씬하고 예쁘장한 남자 미용사를 보면 패션 감각이 유난히 돋보인다.

분위기도 사뭇 다르다. 이용실의 주인장은 주로 중, 노년층이며 집기도 허름하고 분위기도 우중충한 편이다. 비좁은 실내는 동네 어른들이 이야기를 늘어놓는 사랑방 노릇을 하기도 한다. 하지만 미용실은 젊은이들이 서빙을 하고 깔끔한 인테리어와 밝은 분위기가 손님들의 눈길을 끌기에 부족함이 없다. 아름다움을 디자인하고 연출하는 소통공간으로 이만한 곳이 있을까 싶기도 하다. 그렇지만 시대가 변해도 이발소만 고집하는 남성들도 있다.

무늬만 아름답다고 예쁜 것이 아니다. 속이 검은 사람은 아무리 꾸밈새가 그럴 듯해도 미운털이 드러나기 마련이다. 성품이 고운 사람은 외모가 수수해도 예뻐 보이듯이 말이다. 변장술이 능한 사람은 진한 향이 코를 찌르지만 내심이 선한 사람은 감미로운 향기가 은은하게 피어오른다. 진정한 인간미는 온화한 마음에서 우러나오기 때문이나. 사기만의 개성 있는 색깔을 낸다면 인품도 한껏 돋보일 것이다. '마음이 고와야 여자지 얼굴만 예쁘다고 여자냐' 하는 노래가사에서 보듯이 마음 씀씀이가 슬거워야 미인이란 소리를 들어도 부끄럽지 않을 것이다.

거울 앞에 서면 내 모습에 미소와 실소가 교차한다. 왜 그럴까? 남들은 어찌 볼지 모르지만, 이목구비가 얼굴을 받쳐주고 안면이 박색은 아니니 이만하면 됐지 싶다가 다시 보면 머리엔 하얀 서리가 내리고 얼굴에 핀 주름살은 아무리 단장을 해도 가려지지 않으니 그럴 수밖에.

예뻐 보이고 싶은 마음은 본성인지라 군소리하고 싶지 않지만, 얼굴에 점이 한둘이 아닌데 이 나이에 미용시술을 해야 할지는 미적거려진다. 2021.2.

기록 경신

올여름은 신기록이 풍성한 계절이라고 한다. 장마 기간은 54일, 강수량은 690mm, 비 온 날수는 28일로 3대 기록을 세웠다고 한다. 또 한 달 사이에 장미, 바비, 마이삭, 하이선 등 4개 태풍이 몰려온 것도 기록적인 재변이란다. 8월 중순 무렵에는 남부는 폭염으로 불지옥을, 중부는 호우로 물 지옥을 만들어 많은 피해를 준 것도 재앙의 기록이라 할 것이다. 또 올해는 장마 기간도 길뿐더러 6월 기온이 7월보다 높은, 기온 역전 현상이 발생한 것도 극히 드문 기후 이변으로 볼 수 있다. 하늘이 분노하고 땅이 절규하는 것을 보면 자연재해가 점점 심해질 거란 불길한 예감이 든다.

그런가 하면 보이지도 않는 작은 미생물이 사람의 생명을 좌지우지한다. 유사 이래 끊이지 않고 발생하는 전염병은 그 악성이 점점 더해지는 양상이다. 전쟁으로 인한 인명피해보다 전염병으로 목숨을 잃은 사람이 훨씬 많다는 것을 미처 몰랐다. 인류역사상 최악의 전염병은 1970년대까지 수억 명의 목숨을 앗아간 천연두라고 한다. 흔히 마마, 손님이라 부르기도 하는데 낫은 후에도 얼굴에 흉터가 생기는 무서운 병이다. 종두법의 개발로 지금은 역사 속으로 사라진 고약한 유행병이다. 그 후 점점 신종이 발생하여 얼마 전에는 에볼라, 사스. 메르스에 수많은 사람이 희생되었다. 잠시 잠잠하더니 올 초에 코로나바이러스라는 새로운 전염병이 퍼지기 시작했다. 역대 최고급이라 하니 무섭고 두려울 뿐이다.

우리 생활 자체가 기록 경신이라 할 수 있다. 경기나 시합, 경연장에서 선두자리를 차지하려고 사력을 다한다. 0.001초를 단축하려고 피나는 훈련을 강행하기도 한다. 좋은 학교, 좋은 직장을 가기 위해서 치열하게 싸우는가 하면 보다 건강하고 예뻐지고 싶은 욕망이 끊임없이 분출한다. 우리 몸에는 남에게 뒤지기 싫어하는 경쟁의식이 잠재해 있는 것 같다. 경쟁을 하다보면 기록을 경신하고 삶의 질을 개선하는 장점이 있지만 잡다한 문제를 파생하기도 한다.

짐승들도 살아남기 위해서 생사를 걸고 힘겨루기를 한다. 어느 동물 세계를 보면 특히 수컷들의 사투는 처절하리만큼 격렬하다. 그중에 승자는 전리품으로 암컷을 독차지하고 짝짓기를 한다. 이 모두가 우성 유전자를 물려주기 위한 번식 활동인 동시에 진화과정이라 할 수 있을 것이다.

내가 살아온 길을 조명해 본다. 나이를 한해 두 해 먹어가고,

주름살이나 흰머리가 하루하루 늘어나는 것은 자연현상으로 기록경신이라고 하기에는 어폐가 있을 것 같다.

그렇다면 지금껏 살면서 이룩한 과실 중에 남을 능가하는 성과물이 있느냐고 묻는다면, 글쎄요 아직은…… 2020.9.

06
희망의 메시지

정말 잘했어

꿈에 날개를 달다

꿈이 있는 곳

역사문학의 탄생

▌ 백연선 작가 자서전 발간 추천의 글 ▌

정말 잘했어

자네!

　자네가 자서전을 낸다는 말을 듣고 설레는 마음에 밤잠을 설쳤다네. 듣던 중 정말 반가운 소식이야. 쌍수로 환영해.

　직장동료로 만나 형 아우로 지낸 지가 수십 년이 되었네. 힘들 때 서로 의지하고 어려울 때 함께 고민했으며 꽃길, 가시밭길을 같이 걸었지. 그때만 해도 상명하복이 엄격한 공직사회였기에 말단직원으로 근무하면서 상사의 눈치 보랴 밀려드는 업무처리 하랴 눈코 뜰 새 없이 바빴잖아. 또 얄팍한 월급봉투는 처자식 거느리고 살기에 빠듯했지.

　경직된 조직문화에 박봉까지 어느 것 하나 마음에 드는 것이 없었지만 경쟁의 대열에 뛰어든 것은 공직에 대한 호기심 때문이었는지도 몰라. 책과 씨름하던 그때는 꿈에 부풀었지. 등용문만 통과하면 더 이상 시험은 없을 줄 알았는데 그것이 아니었어. 승진시험이란 어려운 관문이 또 우리를 괴롭혔지. 한 계급씩 올라갈 때마다 치러야 했으니 늦은 나이에 시험공부 한답시고 학원 문을 수도 없이 들락거렸지 않아. 여기서 낙오되면 평생을 하위직에 머물다 정년을 맞아야 하니 동료들과 치열한 경쟁을 할 수밖에. 그래도 아무 탈 없이 정년퇴임한 공직자는 행운이야. 이런저런 이유로 징계를 받거나 도중하차하는 경우가 비일비재했으니까. 아우는 어려운 승진시험을 무사히 통과하고 공무원의 꽃이라 부러워하는 사무관의 벼슬에 올랐으니 극찬을 받아 마땅하다고 생각해.

아우의 지난날이 평탄치 않았음을 자서전 '그것도 행복이었네'를 읽고서야 알았어. 막노동에 날품팔이, 파란만장한 젊은 시절을 맨주먹 하나로 헤쳐나간 것을 보면 강인한 기질을 타고나지 않았나 싶은 생각이 들어. 아우는 근무성적이 우수하기로 평판이 자자했지. 성실하고 곧은 성품에 듬직한 풍모는 동료직원들의 로망이었어. 생김새나 품행이 반듯해서 나무랄 데가 없는 것이 흠이라면 흠이었지.

평생 다닌 직장을 그만두면 흔히들 시원섭섭하다고 말하지. 그러면서 이젠 굴레를 벗어나 자유의 몸이 되었으니 활개 치면서 유람이나 실컷 해야겠다고 말이야. 하지만 여유를 즐길 시간도 잠시 헤쳐 나가야 할 인생 후반이 또 우리를 기다리고 있지. 그런데 우물 안 개구리가 우물을 벗어나면 모진 세파에 꿈의 날개를 펴지도 못하고 주저앉거나 좌절의 늪에 빠지는 경우가 있어. 우리 주변에서 퇴직 후 허황된 꿈을 꾸다가 낭패를 당한 사람들을 많이 보았잖아.

하고 많은 계획 중에 글쓰기에 눈을 뜬 것은 삶을 한 단계 승화할 수 있는 현명한 선택이라 생각해. 선비 타입의 아우에게는 붓이 어울릴 것 같아. 그 길이 외롭고 험난할지라도 망설임 없이 밀고나간다면 가슴 뭉클한 선물을 그대가슴에 안겨 주리라 믿어. 부디 좋은 작품으로 독자들과 교감하기를 바랄게.

보통 자서전을 보면 흠점은 숨기고 자랑만 늘어놓기 바쁜데 아우의 작품에는 어느 구절에도 그런 흔적을 찾아볼 수 없어. 본인이나 가족은 물론 일가친척까지 시시비비거리를 다 들춰낸 것을 보면 꺼릴 것도 부끄러울 것도 없다는 자신감의 표현이란 생각이 들어. 진솔한 마음이 응축된 작은 거인의 발자취를 보는 듯해.

정말 잘했어. 정년퇴직 후 자주 보지 못했지만, 오늘은 가슴 뭉클한 사건이었어. 자서전은 나이 지긋한 분들이 지난날을 회고하면서 앞날을 정리하는 전기인 줄 알았는데, 벌써 나이가 그리되었네그려. 무상한 세월에 허탈한 웃음이 나오는 구 면. 누구나 쓸 수 있지만 아무나 쓸 수 없는 것이 회고록이라네. 그래서 감격의 박수를 보내는 걸세. 2021. 5.

▎안덕일 작가 기행문 발간 추천의 글 ▎

꿈에 날개를 달다

　직장동료가 책을 냈다. 사진이나 찍으면서 여유를 즐기는 줄 알았는데 탁월한 글솜씨에 놀랐다. 잡다한 사물의 현상을 글로 녹여 작품으로 탈바꿈시킨 뛰어난 재능이 놀랍다. 한평생 공직생활을 하면서 국민의 머슴으로 성심을 다한 퍼블릭 서번트 이었기에 펴낸 서책이 더 빛나 보인다. 저자는 야무진 업무처리 못지않게 인간성이 후덕하여 동료직원이나 주변 사람들의 칭송을 한 몸에 받은 모범공무원이었다. 그는 동년배로 직장생활하면서 만나 동고동락하는 가까운 친구이다.

　은퇴한 후에는 여생을 속세를 벗어나 자유를 누리면서 살 법도 한데 사진작가이면서 문장가로 변신하여 왕성한 창작활동을 하는 모습에서 새로운 그를 발견했다. 숨겨놓은 끼를 이때다 싶어서 맘껏 분출하는 것 같다. 메인데 없는 산천경개를 휘달리면서 보고 듣고 느낀 소재를 작품으로 옮기는 재주기를 보는 듯하다. 체험현장에서 쌓아온 노하우가 글 속에 그대로 녹아 있다. 작가의 글은 결이 곱고 정겨운 맛이 있다. 글 중에 '녹음으로 우거진 바위산이 병풍처럼 펼쳐진 월출산 앞마당을 수놓은 유채꽃'은 섬세하고 감성이 넘쳐흐르면서 여유와 멋이 너울거리는 것 같다. 풍경 사진과 그것을 묘사한 글의 조화는 너무도 사실적이어서 현장에 와있는 느낌마저 든다.

옛 말에 인생 칠십이면 생각하지 말고 행동해도 좋다고 했다. 그만큼 인생사가 풍족하여 무엇을 해도 모자람이 없다는 의미일 것이다. 누구도 넘볼 수 없는 작가만의 독창적인 글재주는 어디에서 비롯되었을까? 아마도 산전수전을 두루 겪으면서 축적된 폭넓은 식견과 글감을 오랫동안 숙성시킨 데서 비롯되었을 것이다. 그런 작품은 깊고 진한 맛이 나기 마련이다.

내 안에 있는 재능을 계발하고 연마하면 영롱한 빛이 난다는데, 이것이 바로 친구가 추구하는 삶의 가치가 아닌가 생각해 본다. 늦게 피는 꽃이 더 예쁘고 사랑스럽다는 말처럼 느지막이 출간한 작가의 '머물고 싶은 풍경'은 그윽한 국화 향을 맡으면서 정원을 거니는 느낌마저 든다.

꿈에 날개를 달고 사진작가 겸 스타일리스트로 샘솟는 열정을 아낌없이 펼치기 바란다. 2018. 8.

▎노원문화원 수필교실 동인지 발간 격려사 ▎

꿈이 있는 곳

10년이면 강산도 변한다고 한다. 그만큼 노원문화원 수필교실이 뿌리가 깊고 튼튼하다는 말이다. 세월만큼이나 학우들의 글솜씨도 기성작가들을 넘볼 만큼 일취월장했다. 그들의 빼어난 문장력은 젊은 학도들 못지않은 향학열에서 비롯되었다고 볼 수 있다.

나이 들어 글 짓고 공부하는 것도 중요하지만 인간관계도 못지않게 소중하다고 본다. 점심 한 끼, 차 한 잔 나누는 소소한 일상은 수필 반 교우들이 누리는 호사일뿐더러 끈끈한 우정의 탑을 쌓아가는 시간이기도 하다. 이런 자리를 마련한 이면에는 지도 강사의 사려 깊은 애정이 숨어있다.

글로 자기를 표현하고 문장으로 자기 이름을 남긴다는 것은 자랑스러운 일이 아닐 수 없다. 호랑이는 죽어서 가죽을 남기고 사람은 죽어서 이름을 남긴다는 속담을 새겨보지 않더라도 한번쯤 꿈을 꾸어 볼 만하다. 그렇다면 이름을 어떻게 남길 것인가? 해결의 실마리를 찾을 수 없다면, 풍경이 있는 수필교실에서 그 답을 구하는 것이 어떨는지.

　내가 노원문화원 수필교실에 입문한 지도 벌써 3년이 되었다. 그때는 걸음마 수준에 작품도 손 글씨로 썼으며 타이핑한 학우들의 글과는 비교가 되지 않았다. 1년여 동안 강사님의 지도와 학우들의 도움을 받으면서 공부하느라 진땀을 뺐다. 그 후에 글재주도 늘고 작품도 타자기로 치게 되어 친구들에게 미안함을 덜게 되었다. 올 상반기에는 졸작이지만 책도 한 권 발간하고 보니 꿈으로 끝나지 않은 현실이 믿기지 않았다. 흐뭇한 마음은 오래도록 가슴을 촉촉이 적셔주었다. 또 전임 회장이 지병으로 타계하는 바람에 회원의 뜻을 모아 그 직을 물려받았다. 크든 작든 맡은 바 역할을 다해야 함은 당연하지만, 나를 필요로 하는 이들에게 심부름꾼이 된다는 것은 어깨가 무거우면서도 감사한 일이다. 이곳에서 일궈낸 값진 결실이라서 가슴에 오래오래 간직하고 싶다.

　문화원 수필교실에 가는 날은 기분이 유쾌하다. 서책, 필기도구가 든 가방을 메고 집을 나서면 학교 가는 학생처럼 발걸음이 가볍다. 숙제를 내준 것도 아닌데 작품을 써가는 날은 가슴이 설렌다. 원고지를 정성스럽게 쓴 뿌듯함과 문장이 성에 차지 않은 아쉬움이 교차하기 때문일 거다. 머리를 싸매고 공부하던 학창시절로 돌아간 기분이다.

요즈음은 공, 사설 기관에서 성인들의 자기개발을 위한 평생학습 프로그램을 운영하고 있다. 어르신들도 이런 기류에 편승하여 다양한 취미 활동을 통해서 특기를 살리거나 무료한 삶에서 탈출하는데 주저하지 않는다. 마치 희생하고 살았던 지난 세월을 보상이라도 받을 기세로 말이다. 윤택한 노후를 설계하는 길은 많지만 우리는 기왕에 글쓰기로 작정했으니 한눈팔지 말고 그 길로 매진했으면 좋겠다.

우리 수필 반 학우들은 정도를 걸으면서 글을 좋아하는 문학인이 아닌가 싶어서 자랑스럽다. 마음씨도 고와서 쓰는 수필마다 감동을 자아낸다. 풍경이 있는 수필교실은 문필과 인성을 배우는 전당이다. 그곳은 희망을 실현할 수 있는 꿈이 있는 곳이다. 학우님들의 글솜씨에 장족의 발전이 있기를 기도한다.

2022.12.15.

▌역사문학 창간호 발간사 ▌

역사문학의 탄생

계묘년(癸卯年)도 어느덧 반환점을 돌아서 세밑에 이르렀다. 수레바퀴처럼 쉼 없이 돌아가는 삶 속에서 저명한 원로들의 연구논문과 회원들의 빼어난 작품을 엄선하여 문예지를 창간하게 되었다. 지금까지 시도해보지 못한 전혀 새로운 창작집이라서 자부심이 남다를 뿐더러 감개가 무량하다.

이번에 발간한 역사문학지는 장시간 산고 끝에 출산한 옥동자라 할 수 있다. 한해 농사를 짓는 농부의 심정으로 갖은 힘을 쏟아부었다. 상반기에는 씨 뿌려 가꾸고 하반기에는 알알이 영근 곡식을 거두어들이느라 잠시도 쉴 틈이 없었다. 곳간을 가득 채운 작물에 흐뭇한 농군처럼 뿌듯한 마음에 가슴이 벅차오른다.

이 산파역의 중심에는 김화인 박사가 있다. 그는 출판사업을 통해서 문화진흥을 꾀할 뿐더러 수형인의 교화 활동, 사회 봉사활동에 헌신 봉사하는 행동하는 목회자로 칭송이 자자하다. 앞으로도 문인들의 문학 활동에 밀알이 되기를 기대한다. 또 역사문학의 귀한 자료를 발굴하고 집대성한 김정오 박사님의 노고에 감사한다. '한겨레 역사문학'의 발행인으로서 새로 출발하는 '역사문학'의 주춧돌을 놓아 주었다. 그밖에도 뜻을 같이한 많은 작가님의 주옥같은 작품이 새롭게 출발하는 창간호에 날개를 달아주었다.

역사문학은 역사적인 사건이나 인물, 시대적 배경을 소재로 한 문학으로 역사와 문학이 결합한 장르라 할 수 있다. 그 시초는 구약성서의 '출애굽기'이며 이광수의 '마의태자'도 여기에 속한다고 볼 수 있다. 우리가 시도하는 '역사문학'지도 역사의 변천과 폭넓은 문학사상을 담아서 독보적인 문예지를 만들고자 함에 있다.

물질문명의 발달은 풍요로운 삶을 누리는 데 초석이 되었다. 산업혁명이 준 최고의 선물이라 할 것이다. 숲을 이룬 빌딩이 하늘을 찌르고, 현란한 네온사인이 밤하늘을 수놓으니 얼마나 웅대하고 눈이 부신가. 그런데 이렇게 세상을 획기적으로 바꾼 주인공이 호강을 누리지 못하고 그 기계문명의 틈바구니에 끼어서 신음하고 있다. 빈부격차가 심화되고 자살이나 고독 사 같은 안타까운 죽음이 증가하고 있다. 이런 암울한 현상은 개인 문제로 치부하기보다는 심각한 사회 문제로 봐야 할 것이다. 그뿐이 아니다. 병명을 모르니 현대병이라고 얼버무리지만, 원인 불명의 정신질환으로 죽거나 시달리는 사람들이 늘고 있다. 주객이 전도되었다고나 할까 아이러니가 아닐 수 없다. 물질문명만 쫓다 보니 정신문명이 피폐해진 데서 비롯된 심각한 부작용이 아닌지 유추해본다. 그 치료는 두 문명이 조화롭게 상생하는 것 외에는 뾰족한 약이 없다고 본다. 이번에 양대 문명을 아우르기 위해서 참여한 우리 모두는 그 해결책을 찾는 데 힘을 쏟기로 뜻을 모았다.

　나는 정년을 맞은 인생 후반기에 접어들즈음에 길 잃은 철새처럼 방황했다. 그렇게 허송세월에 취해 아까운 시간을 허비하고 있을 때 우연히 길거리 책방에서 자오 무허가 쓴 '유유자적 100년'이라는 책을 접하게 되었다. 저자는 87세에 대학에 들어가고 98세에 석사학위를 취득했으며 100세에 유유자적 100년을 저술한 숨은 거장이라 할 수 있다. 유유자적하는 그의 삶은 정신 줄을 놓고 사는 나에게 신선한 자극제가 되었다. 즐겁게 지내다 보니 100년을 살았다는 노신사의 위트 넘치는 지혜가 나를 서재로 안내했다. 늦었지만 마음을 다잡고 붓을 들었으니 대기만성의 아이콘인 자오무허의 길을 따르려 한다.

　역사문학의 창간을 두 손 모아 경축하며 전혀 새롭게 태어났으니 탄탄대로를 무한 질주하기 바란다. 2023. 12.

딸기원에 둥지를 틀다

인쇄 : 2025년 5월 8일
발행 : 2025년 5월 8일

지은이 : 김 형 숙
펴낸이 : 김 화 인
펴낸곳 : 도서출판 조은
디자인 : 김 진 순

주소 : 서울특별시 중구 을지로20길 12 (인현동1가, 대성빌딩) 405호
전화 : (02) 2273-2408
출판등록 : 1995년 7월 5일 신고번호 제1995-000098호

ISBN 979-11-94562-10-8
값 15,000원

※ 잘못된 책은 판매처에서 교환해 드립니다.